백세시대 좋은 부모되기

백세시대 좋은 부모되기

문기홉 지음

출판
이안

백세시대 좋은 부모되기

초판 인쇄 | 2016년 2월 2일
초판 발행 | 2016년 2월 4일

지은이 | 문기홉
펴낸곳 | 출판이안

펴낸이 | 이인환
등 록 | 2010년 제2010-4호
편 집 | 이도경, 김민주
주 소 | 경기도 이천시 호법면 단천리 4146
전 화 | 031)636-7464, 010-2538-8468
팩 스 | 070-8283-7467
인 쇄 | 이노비즈
이메일 | yakyeo@hanmail.net
홈카페 | http://cafe.daum.net/leeAn

ISBN : 979-11-85772-22-6(03190)

「이 도서의 국립중앙도서관 출판예정도서목록(CIP)은 서지정
보유통지원시스템 홈페이지(http://seoji.nl.go.kr)와 국가자료
공동목록시스템(http://www.nl.go.kr/kolisnet)에서 이용하실
수 있습니다. (CIP제어번호: CIP2016000951)」

값 13,800원

무엇이 행복을 위한 길인가?

──────── 우리나라 교육의 문제는 아이들보다 부모들에게 있다고 본다. 한동안 아이에게 어려서부터 영어 비디오만 틀어주었더니 아이가 저절로 영어를 배우게 되었다는 광고가 나오니까 우리 말도 알아듣지 못하는 아이들을 영어 비디오 앞에 앉혀 두는 유행 아닌 유행이 있었다. 심지어 영어 발음을 잘 하도록 하겠다며 아이의 혀를 수술까지 해주는 부모도 있었다.

그나마 예전에는 학원에 가면 또래 친구들과 어울리는 기회라도 됐지만, 요즘은 일대일 과외나 소수 정원으로 이뤄지는 학원이다 보니 또래와 어울릴 기회마저 빼앗기고 있다. 그러다 보니 대학생이 되어서도 소통의 문제를 겪고 있는 아이들이 많다.

"엄마, 학점이 걱정되니 교수님 좀 어떻게 해줘."

어머니한테 졸라댔다는 어느 대학생의 이야기를 이제는 아무렇지도 않게 받아 들여야 하는 현실이 가슴 아프다.

"아드님, 서울대 보내신 비결이 무엇이에요?"
"서울대 학부모가 되니까 기분이 어떤가요?"

아들이 서울대에 들어가자 많이 들었던 말들이다. 하지만 나는 특별히 해 줄 말이 없었다. 아이를 위해서 특별히 해 준 것은 없다. 단지 어렸을 때부터 아이의 의견을 존중하고, 아이가 해달라는 대로 해줬을 뿐이다.

그래서 사실 그동안 출판사에서 부모로서 서울대 보낸 비법을 담은 책을 발간하자는 제안을 받았을 때 많이 망설였다. 특별히 책에 담을 이야기가 없다고 생각했기 때문이다.

하지만 시간이 흐르다 보니 그래도 뭔가 할 말이 생각났다. 특히 장학재단에서 일하다 보니 그동안 교육에 대해 느끼고 생각한 점들

백세시대
좋은 부모되기

을 책으로 묶어내는 것만으로도 의미가 있다는 생각이 들었다. 그래서 부끄러움을 무릅쓰고 이렇게 책을 내기로 결심했다.

나는 학원에서 아이들을 가르쳐 본 적이 있다. 그때 아이를 무조건 학원으로 내모는 것만이 능사가 아니라는 것을 알았다. 그렇다고 아이를 학원에 보내지 말라는 것이 아니다. 학원에 가기 싫다는 아이를 억지로 보내는 것도 문제지만, 아이가 학교 수업만으로 부족한 것을 찾아 학원에 보내달라고 하는데 학원이 무슨 소용이냐며 보내지 않는다면 그것도 큰 문제다. 둘 다 아이가 원하는 것을 들어주지 않는다는 공통점이 있기 때문이다.

교육에서 가장 중요한 것은 아이의 자율성을 존중하고 키워주는 것이다. 부모는 아이가 원하는 것이 무엇인지 알고, 아이가 원하는 것을 이룰 수 있도록 지지하고 격려해주는 역할을 해야 한다.

우리는 누구나 교육문제가 심각하다는 것을 이야기한다. 하지만 해결책을 제시하기란 쉽지 않다. 하루 종일 학원으로 내몰리는 남의 아이를 볼 때는 그렇게 만든 현실을 개탄하면서도, 막상 내 아이를 대할 때는 남들도 다 하기 때문에, 내 아이만 뒤처질 수 없기 때문에 어쩔 수 없다는 식으로 똑같은 행동을 하고 있다.

나는 오랫동안 장학재단에서 교육과 관련된 일을 하면서 어떻게 하면 이런 문제의 해결책을 제시할 수 있을까 생각해 보았다. 그래서 아들이 서울대에 합격했을 때 책을 내보자는 제안을 받았어도 자칫 잘난 척하는 소리로 들릴까 조심스러웠는데 교육현장에 있는 사람으로서 누군가는 해야 할 말이라 생각해서 그동안 틈틈이 써왔던 글들을 한 자리에 모아보기로 했다.

먼저 매번 용기를 내지 못해 출판 제의를 받아들이지 못하고 망설였던 내게 좋은 책이 될 수 있다며 끊임없이 용기를 북돋아 준 출판이안 대표님께 감사드린다.

아울러 저를 기억해 주시는 모든 분들과 자녀 문제로 고민하며 그래도 뭔가 답을 찾아보고자 이 책을 펼쳐든 독자님들께 감사드린다.

끝으로 이 책이 자녀 문제로 고민하는 모든 이들에게 조금이라도 도움이 되었으면 하는 욕심도 함께 담아 본다.

: CONTENTS

chart2 아빠도 아이의 행복을 책임져라

chart3 굽으면 굽은 대로 곧으면 곧은 대로

chart4 부모의 꿈을 자식에게 떠넘기지 말라

chart5 받는 것보다 주는 즐거움을 느끼게 하자

chart 1

행복을 원한다면
행복을 누려라

자식이 어리다고 경제권을 쥔 부모가 마음대로 한다면

　나중에 커서 경제권을 쥔 자식도

　　늙은 부모를 자기 마음대로 하게 된다.

엄마 아빠는
개집에 살게 할 거예요

중학교 1학년짜리 학생이 쉬는 시간에 공책에 예쁜 집을 그리고 있었다. 궁금해서 물어보았다.

"앞으로 네가 살고 싶은 집이야?"

"어, 어떻게 알았어요?"

"집이 정말 멋진데. 나도 이런 집에서 한번 살아보고 싶네."

그랬더니 학생이 환하게 웃으며 말했다.

"그렇죠? 정말 멋지죠? 그런데 선생님 이건 뭔지 아세요?"

학생은 커다랗고 근사한 집 앞에 있는 작은 개집 같은 그림을 가리켰다. 그래서 아무 생각 없이 대답했다.

"이건 개집인가 보네. 그런데 모양이 너무 안 좋네. 근사한 집과 어울리지도 않고."

그러자 학생이 어이없다는 표정으로 말했다.

"어, 이거 개집 아닌데요."

"그럼, 그게 뭔데?"

"이건 우리 엄마 아빠 집이에요. 이 다음에 엄마 아빠 늙으면 이 집에서 살게 할 거예요."

순간적으로 학생의 얼굴을 빤히 바라보았다. 어이가 없다는 내 표정을 이해할 수 없다는 표정으로 아이가 말했다.

"제가 나이 먹어서도 엄마 아빠랑 한 집에서 산다는 것은 비극이에요. 그래서 어쩔 수 없이 따로 집을 만들어 드린 거예요."

"왜?"

"엄마 아빠는 항상 자기가 하고 싶은 대로 해요. 할머니 할아버지도 무서워하지 않아요. 그런데 제가 어떻게 나이 들어서도 같이 살 수 있겠어요?"

"그래도 너무 함부로 말하는 거 아냐? 내가 네 부모님이라면 가슴 아프겠다."

"그러니까 선생님도 이렇게 되지 않으려면 애들한테 잘해 주세요. 괜히 나중에 후회하지 말고…."

"……?!"

아이들이 당돌하다는 것은 알았지만 순간적으로 당황했다. 더 이상 뭐라고 말해봤자 아이한테는 잔소리로 밖에 들리지 않을 것 같아서 더 이상 말을 잇지 못하고 슬그머니 자리를 떴다. 일단 시간이 지난 다음에 좀 더 이야기를 나눠 보려고 했는데 부모가 아이의 성적이 오르지 않았다며 개인과외를 시키겠다고 학원을 그만두게 하는 바람에 더 이상 그 아이를 볼 수 없었다.

어느덧 십여 년 전의 일이다. 아이는 지금쯤 대학에 다니거나 사회인이 되어 있을 것이다. 지금은 어떤 모습을 하고 있을까?

부모보다
자식이 먼저라면?

부모님을 모시고 함께 가족 여행을 하다가 부모와 자식이 물에 빠졌다면 누구를 먼저 구하겠습니까? 그리고 그 이유는?

한때 대학입시에서 많이 다뤘던 면접 문제 중의 하나다.

사실 이 문제는 아이들이 아니라 우리 부모들이 먼저 생각해 봐야 한다. 이것은 답만 외워서 될 일이 아니라 실제로 삶 속에 녹아 있는 인성을 바탕으로 대답을 해야 좋은 평가를 받을 수 있는 문제이기 때문이다.

한번 생각해 보자. 내 아이가 이 문제를 갖고 와서 뭐라고 대답해야 하냐고 묻는다면 부모로서 어떻게 대답을 해줘야 할까?

"저는 당연히 자식을 먼저 구해야 한다고 생각합니다."

"왜?"

"타이타닉이라는 영화에서도 배가 난파됐을 때 어린 아이와 여자부터 구하는 것을 봤습니다. 그런 것을 통해 본다면 부모님은 살 만큼 살았고, 아이는 아직 살아야 할 미래가 있기 때문입니다."

실제로 이렇게 대답하는 아이들을 많이 봤다. 합리적이고 실용적인 면을 중요하게 여기는 아이들의 사고가 반영된 것일 수 있다.

"저는 다른 관점에서 자식을 먼저 구해야 한다고 생각합니다."

"어떤 관점인데?"

"사실 그 상황에서 부모님을 먼저 구하고 자식이 죽으면 나중에 부모님이 더 괴로워하실 것 같습니다. 괜히 자신 때문에 어린 아이가 죽었다고 가슴 아파할 것 같으니까 차라리 자식을 구하는 것이 더 낫지 않을까요?"

간혹 이렇게 말하는 학생도 있었다. 면접이나 논술에서 논리적인 사고를 중요하게 여긴다고 하니까 논리적인 근거를 들고 있는 것이다. 어쩌면 이것도 합리적인 사고일지 모른다.

"당연히 부모를 먼저 구해야 하는 것 아닌가요?"

이렇게 말하는 아이들도 간혹 있지만 극히 일부다.

"왜, 부모를 먼저 구하는 것이 당연한 건데?"

"그야 자식은 또 낳을 수 있잖아요. 그런데 부모님은 한번 돌아가시면 그만이니까…"

두 아이의 부모인 나로서도 여간 어려운 문제가 아닐 수 없다. 독 자님들은 어떻게 생각할지 궁금하다.

사실 면접에 이것만이 정답이라고 확신할 수 있는 답은 없다. 따라서 나 역시 내가 생각하는 것이 백 퍼센트 답이라고 장담할 수는 없다. 하지만 이에 대해 좀 더 생각해 보게 하는 문제가 있다.

다음 해에 이와 비슷한 문제가 이렇게 출제된 것이다.

옛날부터 한 사람의 인성을 테스트 하는 흔한 질문의 하나는, "강에서 물에 떠내려가는 부모와 자식이 있을 때 당신은 누구를 먼저 구할 것인가?" 라는 질문이 있다. 그리고 이에 대한 타당한 대답은 부모를 먼저 구한다는 것이었다. 이러한 질문은 오늘날에도 유효한 것일까? 그 이유는?

이 문제는 앞에 문제의 답도 어떻게 하는 것이 면접관의 마음을 사로잡을 수 있을지 예상하게 한다.

옛날에는 왜 부모를 먼저 구한다는 것이 타당한 대답이었을까?

옛날에는 도덕과 윤리를 바탕으로 효 사상을 강조했다. 대가족 속에서 부모를 우선으로 여기는 것을 인간의 당연한 도리로 여긴 것이다.

그래서 닭 한 마리를 잡더라도 항상 부모님 몫으로 다리부터 먼저 챙기고 아이들의 몫을 나눴다. 부모님이 그 다리를 차마 다 드시지 못하고 손자나 손녀에게 다시 넘기는 한이 있더라도 항상 부모님을 먼저 챙기는 모습을 보며 자랐다. 그런 생활 속에서 자식들은 자연스럽게 부모를 자식보다 우선시하는 마음을 갖게 되었고, 그것이 인간된 도리라 여겼다.

그런데 요즘은 어떤가? 통닭 한 마리를 시키더라도 가장 좋은 다리는 자식들 몫이고, 부모님은 뒷전으로 밀리기 일쑤다. 물론 부모가 "난 괜찮다"라고는 하시지만, 그 마음을 헤아리기 보다는 그것을 너무나 당연히 여기면서 부모에 대한 배려가 줄어들고 있다. 그런 생활 속에서 자식들은 자연스레 부모보다 자식을 먼저 챙기는 것을 그대로 따라 배우고 있다. 또한 핵가족화가 되면서 아이들은 할아버지와 할머니를 소홀히 대하는 부모들의 행동을 그대로 지켜보고 있다.

아이들에게 부모는 자연스럽게 뒷전으로 밀리고 있다. 그래서인지 이 문제에 대해 이렇게 대답하는 아이들도 많다.

"옛날에는 부모를 먼저 구하는 것이 답일지 모르지만 요즘은 세상이 바뀌어서 좀 더 합리적인 선택을 하기 위해서라도 자식을 구한다고 해야 하는 것이 답이 아닌가요?"

정말 생각해 볼 문제다. 옛날과 지금은 다르기 때문에 과연 자식을 먼저 구한다고 하는 것이 옳은 선택일 수 있는가?

정말 이것은 아니다. 이 문제는 진짜 이런 일이 생길 때 부모와 자식 중에 누구를 먼저 구하겠냐는 선택을 묻는 것이 아니라, 옛날이나 오늘날이나 인간이 사는 사회에서 꼭 필요한 덕목이 무엇인가를 묻는 문제이다. 즉 사회인으로서 갖추어야 할 인성이 무엇인가를 생각하게 하는 문제다.

옛날이나 오늘날이나 우리 사회에 꼭 필요한 것은 도덕과 윤리이다. 그런 점에서 자식을 먼저 구하는 것은 누구나 본능적으로 할 수 있는 일이지만, 부모를 먼저 구하는 것은 그야말로 도덕적이고 윤리적인 교육을 제대로 받은 사람이 선택할 수 있는 일이다.

옛날에는 그래도 주변 사람들의 눈치를 봐서라도 도덕적이고 윤리적인 선택을 할 수 밖에 없었다. 지금은 대놓고 부모를 홀대하며 자식만을 감싸고 도는 이들이 많다. 과연 어떤 사회가 올바로 돌아가겠는가?

요즘은 너무 이기적인 교육이 대세를 이루고 있다. 이성적인 사고보다 본능에 가까운 선택에 익숙해진 것이다.

"부모는 그래도 살 만큼 살았고, 자식은 어린 아이라 아직 살아야 할 날이 많기 때문에 먼저 구해야 한다."

이런 대답이 합리적이고 실용적이라고 하는 이들의 말이 무조건 틀리다고는 할 수 없을 것이다. 하지만 고민해 봐야 한다. 부모를 생각하는 것은 사회를 지탱 해주는 도덕과 윤리의식을 바탕으로 했을 때 가능한 일이고, 자식을 먼저 구하겠다는 것은 그저 본능에 익숙한 행동일 뿐이다.

사실 이 문제는 아이들에게 물어볼 문제가 아니라 바로 아이들을 그렇게 키우고 있는 우리 부모들에게 먼저 물어볼 문제다. 나는 과연 내 아이가 어떤 선택을 하기 바랄 것인가? 그 마음이 평소에 아이와 부모를 대하는 마음이라면 나는 과연 어떤 답을 들었을 때 사는 보람을 느낄 것인가?

"당연히 부모를 먼저 구하는 것이 오늘날에도 유효하다고 봅니다. 부모를 위하는 것이 아이를 위하는 것이고, 궁극적으로 가정의 행복을 위하는 길이기 때문입니다."

자식을 먼저 구하는 것은 본능에 가까운 선택이고, 부모를 먼저 구하는 것은 도덕 윤리적으로 학습을 받은 이의 선택이다.

우리는 누구나 도덕과 윤리의 중요성을 안다. 그래서 비도덕적인 행동을 하는 사람들을 보면 서슴없이 비난하고 지탄한다. 그러면서 정작 나 자신은 부모보나 내 자식만 감싸는 비도덕적인 행동을 하는 경우가 많다. 그 모습을 보고 자란 내 자식이 크고 나면 또 내게 어떤 모습을 보이겠는가? 우리 사회가 본능보다 도덕과 윤리에 신경을 쓰며, 내 자식보다 부모를 먼저 챙기는 그런 사회가 되도록 우리 모두 노력해야 하지 않을까?

자식을 왜
잘 키우려고 하는가?

"고령화 사회의 문제점을 어떻게 극복할 것인가?"

"저는 노인들이 먼저 생각을 바꿔야 한다고 생각합니다."

"어떻게?"

"예전에는 자식이 부모를 모시기가 좋았지만, 요즘은 직장 때문에 모시고 싶어도 잘 모실 수가 없잖아요. 그러니까 노인들도 먼저 자식에게 받으려고만 할 것이 아니라 자식한테 맞춰 주려고도 해야 한다는 거지요."

"구체적으로 어떻게?"

"괜히 집안에서 어른 위세만 부리려고 하면 며느리나 아이들이 싫어하잖아요. 며느리나 아이들이 불편해 하지 않도록 서로 배려하는 마음도 가져야 한다는 거지요."

남의 이야기는 쉽다. 하지만 정작 중요한 것은 나 자신이 노인이 되었을 때를 대비해서 어떻게 해야 하겠냐는 것이다.

사회적으로 노인들이 큰 힘을 들이지 않고 일할 수 있는 일자리를 만들어 주는 것도 중요하지만, 더욱 중요한 것은 노인들 스스로의 마음가짐이다. 언제까지나 사회적 약자로 보호 받아야 할 대상이란 생각을 버려야 한다.

따라서 가장 먼저 이 문제를 심각하게 인식하고 이를 개선하겠다는 인식을 가져야 한다. 그 다음에 모든 사람들이 교육을 통해서 해결책을 찾을 수 있는 자리를 자꾸 마련해 나가야 한다. 어른들 스스로 자꾸만 해결책을 찾도록 사회적인 분위기를 만들어가야 한다.

고령화 시대는 노인들이 주체다. 주체인 노인들 스스로 문제 해결에 적극적으로 임해야 한다. 그리고 이 문제를 해결하기 위해 우리는 진정으로 자식을 왜 키우고, 자식을 잘 키워서 얻으려고 하는 것이 무엇인가에 대해서 진지하게 고민해 봐야 한다.

자식을 본능으로 키우는 것이 아니라 좀 더 거시적으로 어떻게 하는 것이 진정으로 자식이나 부모를 위해서 필요한 것인지 생각해 봐야 한다.

내가 고생하며 자식을 잘 키우려고 하는 목적은 무엇인가?

자식이 공부를 잘 했을 때 내가 얻으려고 하는 것은 무엇인가?

"다 너를 위해서야. 그러니까 열심히 공부나 해. 알았어?"

"난 늙어서 절대로 너한테 모셔 달라고 하지 않을 거야? 그러니까 네 앞가림이나 확실히 해. 알았어?"

대부문의 부모들은 말썽을 피우는 아이들에게 이런 식으로 말한다.

"네가 잘 돼야 내가 늙어서 네 덕을 볼 수 있잖아?"

차라리 이렇게 말하는 부모는 그래도 나은 편이다. 적어도 부모님이 솔직한 만큼 아이들도 솔직하게 자신 뜻을 밝힐 것이기 때문이다.

"절대로 네 덕을 보지 않을 거야!"

그런데 이렇게 큰소리까지 쳐가며 아이를 학원으로 내모는 부모들을 볼 때면 정말 안타까운 생각이 든다.

"지금도 함께 사는 게 귀찮은데 나중에 어떻게 함께 살아요. 용돈이나 많이 드리면 되죠?"

나중에 부모와 함께 살기 싫다며 이렇게 말하는 아이들을 볼 때면 그것이 꼭 아이만의 잘못은 아니라는 생각이 드는 것은 어쩔 수 없다.

품안의 자식과
행복을 누려라

결혼을 앞 둔 사람이 있다. 집안 형편상 당장 결혼이 어렵다고 했다. 동갑내기 남자 친구는 하루라도 빨리 결혼을 하고 싶어 난리라고 한다. 남자 친구는 학사 장교로 군복무 중이라 했다.

어느 날 남자의 어머니를 만나고 온 그녀가 친구에게 신세타령을 하고 있었다.

"시어머니 될 사람이 어떻게 그럴 수가 있지?"

"왜?"

"글쎄, 나보고 자기 아들 좀 말려 달라는 거야. 자기는 하나밖에 없는 아들 장가보낼 때 남들이 받는 예물은 다 받고 싶다는 거야. 그러면서 나보고 아직 젊으니까 좀 더 돈을 벌면서 천천히 결혼해도 늦지 않겠냐는 거지. 결혼은 자기 아들이 먼저 하자고 조른 것인데, 어떻게 나한테 그런 말을 할 수 있어?"

"남자 친구는 뭐라고 하는데?"

"걱정하지 말래. 자기하고 결혼하는 것이지, 자기 어머니하고 결혼하는 것이 아니니까 자기한테 모든 것을 맡겨 달래."

"어떻게 하겠다는 건데?"

"지금까지는 엄마가 하라는 대로 했지만, 앞으로는 자기 인생을 살 거래. 언제까지 엄마 간섭을 받으며 살 수 없다는 거야. 결혼을 빨리 하고 싶어 하는 것도 다 엄마 간섭에서 빨리 벗어나고 싶어서라는 거야."

"그 사람 외아들이라고 했잖아? 그런데 부모님 안 모시겠데?"

"응, 지금까지는 부모님 말씀대로 살아왔지만, 결혼을 하면 자기 인생을 살 거래. 자기는 결코 부모님을 모실 일이 없을 테니 안심하고 자기만 믿으라는 거야."

"그 말 믿을 수 있을까?"

"그러니 내가 어떻게 하면 좋을까?"

"먼저 어떤 경우에도 부모님을 모시지 않겠다는 각서를 받으면 되지."

"그래야 할까?"

품 안의 자식이다. 자식을 감싸고, 자식을 잘 키우려는 것은 나중에 자식에게 바라는 것이 있기 때문이다. 솔직히 노후에 자식에게 의지하기 위해서 그렇게 자식에게 집착하고 있는 거라면 지금이라도 얼른 생각을 바꿔야 한다. 어려서부터 부모에게 간섭을 많이 받은 자식일수록 나중에 부모를 버릴 확률이 높다. 자식이 어리다고 경제권을 쥔 부모가 마음대로 한다면, 나중에 커서 경세권을 쥐게 된 자식도 늙은 부모를 자기 마음대로 하게 된다. 자식에게 모든 경제권을 물려준 부모들이 노후에 자식에게 버림을 받는 이유가 여기에 있다.

애지중지 키운 자식이라도 결코 부모 자신이 될 수 없음을 인식해야 한다. 자식에게는 자식의 인생이 있다. 부모가 아무리 정성 들여 키운 아들이라도 결국 나중에는 시부모 모시기 싫어하는 여자를 아내로 얻어야 한다. 아무리 금지옥엽 키운 딸이라도 결국 나중에는 남편 따라 자신들만의 가정을 꾸려야 한다.

노후에 자식에게 부담을 주는 짐으로 남지 않기 위해서라도 지금부터 자식은 자식이고, 나는 나라는 계산을 먼저 확실하게 해야 한다. 그것이 자식을 잘 되게 하는 길이고, 그것이 나중에 자식으로 하여금 부모를 더욱 존경하게 하는 길이다.

망치고 싶다면
마음대로 사랑하라

　　부유한 집안의 중학교 2학년 학생이다. 외아들인 그의 부모는 온 갖 정성을 다 기울였다. 아이는 초등학교 때부터 원어민 영어 학원에 서 개최하는 캐나다 어학연수도 다녀왔고, 어려서부터 견문을 넓혀 야 한다는 부모 덕분에 해마다 해외여행을 다녀왔다. 어린 나이에 중 국, 일본은 물론이고, 미국, 유럽까지 두루 여행한 것을 자랑으로 여 기는 학생이다. 그 학생이 어느 날 수업 시간에 전화를 받더니 신경질 적으로 말했다.

　　"에이, 괜히 사람 귀찮게 굴고 난리야."

　　수업 시간에 전화를 받은 것도 문제지만, 그냥 입에서 나오는 대로 말을 함부로 하는 것이 더 큰 문제다. 그래도 이제 학원에 나온 지 얼 마 되지 않으니까 있을 수 있는 일이라 생각하고, 눈치를 보며 조심스 럽게 물어보았다.

　　"왜, 그러는데?"

"엄마가 오늘 외식한다고 나오라잖아요."

"지금?"

"아뇨, 수업 끝나고요."

"그럼, 좋은 거잖아. 부모님하고 외식하는 거 좋지 않아?"

"좋긴 뭐가 좋아요. 다 지들 마음 대론데…."

"말버릇이 그게 뭐냐?"

"그럼, 어떻게 해요? 싫은 걸."

"부모님하고 외식하는 게 왜 싫은데?"

"내가 어렸을 때는 할머니한테 맡기고, 지네들끼리만 갔거든요. 그 때는 가고 싶어 해도 안 데려가더니, 지금은 싫다는 데도 꼭 따라 오라는 거예요. 대화를 해야 한다고…."

"그럼, 좋은 거잖아? 부모님은 다 너를 위해서 대화할 자리를 마련하는 거잖아?"

"그게 무슨 대화하는 자리예요, 잔소리하는 자리지. 전 정말 싫어요, 차라리 안 먹고 말지."

남부러울 것이 없이 부유한 집에 태어나서, 또래 친구들뿐만 아니라 남들이 경험하지 못하는 온갖 좋은 것들을 경험하면서도 아이는 불만투성이였다.

"도대체 너는 부모님께 바라는 게 뭐니?"

"그냥, 제가 하고 싶은 대로 내버려두었으면 좋겠어요."

"네가 하고 싶은 것이 뭐라고 부모님께 말씀드려 본 적은 있어?"

"그걸 어떻게 말해요? 분명히 들어주지도 않을 텐데…."

"그래도 정 그렇게 공부하기 싫으면 먼저 뭔가 하고 싶은 것을 말씀드려 보면 되잖아. 네가 하고 싶은 게 뭔데?"

"가수요."

"그럼, 먼저 가수가 되기 위해 노력하는 모습을 보여 드리면 되지 않을까?"

"그게 어디 쉽나요? 엄마 아빠가 못하게 하면서 괜히 싫다는 학원이나 가라는데…."

"내가 부모님한테 말씀드려 볼까? 너는 가수가 꿈이니까 너의 장래를 위해서 네가 하고 싶은 대로 하게 해 주는 게 훨씬 낫겠다고."

"……?"

"혹시 알아? 그러면 부모님께서 네가 하고 싶은 대로 하라고 하실지…."

이때 아이의 반응을 보면 금방 알 수 있다. 진정으로 가수가 되고 싶고, 또 자신이 하고 싶은 것이 분명한 아이는 이때쯤이면 구원병이나 만난 것처럼 좋아하게 마련이다.

그런데 대개 이런 아이일수록 이렇게 진지하게 이야기하면 금방 꼬리를 내리는데 문제가 있다. 자기 인생과 장래에 대해 진지하게 생각해 본 적이 거의 없기 때문이다. 가수가 되겠다는 것도 진정으로 소질과 의지가 있어서 되겠다는 것이 아니라 어떻게든지 공부하기 싫어하는 이유를 만들기 위해 들리댄 것에 불과한 경우가 많다.

　이런 아이는 학원으로 내몰기만 하다고 좋은 일이 아니다. 공부해야 하는 필요성을 느끼지 못하기 때문에 아무리 족집게 선생님을 만나더라도 성적 향상은 바랄 수 없다. 또한 어쩌다가 성적 향상을 이룬다 하더라도 부모에 대한 비뚤어진 사고를 바로 잡기 전에는 아이가 올바른 방향으로 자랄 수 없다. 이런 아이를 학원에 보내기만 하면 성적을 올릴 거라 착각하다간 오히려 평생 부모를 원망하는 비뚤어진 성품을 갖게 만들 위험이 있다.

실패도 스스로
선택하게 하라

상위권에 드는 고3 학생이다. 수시 접수를 앞두고 어느 날 심각한 표정으로 풀이 죽어 있었다.

"왜 그러는데?"

"오늘 Y대 의대 마감일인데 원서도 쓰지 못했어요."

"왜?"

"아빠와 담임이 써봤자 100% 떨어질 게 뻔하니까 쓰지 말라고 하잖아요."

학생은 씩씩거리며 화를 삭이지 못하고 있었다. 잠시 화가 풀릴 때를 기다려야 했다. 한 동안 멍하니 앉아 있던 아이가 그나마 마음이 풀렸는지 씩 웃었다.

"너, 내신이 생각보다 나쁜 것 아냐?"

"아뇨, 내신은 최상이에요. 단지 모의고사 점수가 좀 안 나와서 그러지."

"모의고사 점수가 얼마인데?"

"400점 만점에 350섬대예요."

"그러면 아빠와 담임선생님 말씀이 잘못된 것은 아니네. Y대 의대 정도면 최소 380점은 넘어야 하잖아?"

"저도 그건 알아요. 하지만 미래는 예측할 수 없잖아요. 누가 알아요? 수능 당일에 컨디션이 좋아서 그 이상의 점수가 나올지…."

학생의 말도 일리가 있었다. 우선 내신 성적으로 1차에 합격만 하면, 당일 수능 점수에 따라 얼마든지 좋은 결과가 나올 수도 있지 않느냐는 것이다. 설사 수능 점수가 안 나와서 떨어진다 하더라도, 아예 원서도 쓰지 못해 기회조차 갖지 못하는 것보다는 덜 억울하지 않겠냐는 것이었다. 그야말로 원서를 쓰기만 하면 밑져야 본전인 것인데, 왜 원서도 쓰지 못하게 해서 자신의 기를 죽이냐는 것이었다.

며칠 후에 학생의 아버지를 만날 기회가 있어서 조심스럽게 물어보았다.

"Y대 원서를 쓰고 싶다고 했는데 말리신 적이 있나요?"

"글쎄요, 전 그런 적이 없는데…."

"아이가 Y대 의대에 원서를 쓰고 싶다고 했는데 100% 떨어질 거라며 원서를 쓰지도 못하게 했다고 하던데요."

"아, 그거요. 담임선생님이 현재의 모의고사 점수로는 어림도 없다고 하더군요. 그래서 차라리 수시에 신경 쓰기보다 수능에 몰두해서 점수나 좀 더 올려보라고 했지요. 그러면 내신이 좋아서 S대도 가능하다고 하길래…."

"……?"

그러고 보니 아버지의 말도 일리가 있었다. 섣불리 수시에 지원하면 마음이 들떠서 오히려 수능을 망칠 수가 있으니, 내신이 좋아 수능만 웬만큼 보면 S대도 갈 수 있으니 수능점수를 올리는데 최선을 다하는 것이 낫겠다고 했다는 것이다.

문제는 수능점수를 자신할 수 없다는 데 있었다. 또한 아이가 원하는 학과는 따로 있는데, S대를 바라보면 점수에 맞춰 학과를 조절해야 할 수도 있기 때문에 싫다는 것이었다.

하지만 제3자의 입장에서 봤을 때는 아버지와 담임선생님의 말이 더 현실적이었다. 당장 저조한 모의고사 점수가 수능점수로 이어지면 아무리 내신이 좋아도 아이가 원하는 소위 일류대에는 갈 수가 없는 상황이었다. 그럴 바에는 차라리 수시보다 수능시험에 전념을 하는 것이 원하는 대학에 진학할 확률이 높아 보였다.

문제는 학생의 선택이었다. 이미 수시에 신경이 쓰여서 아버지나 담임선생님 말대로 수능시험에만 전념할 수가 없었던 것이다. 내심으로 수능시험에 대한 불안감을 극복하고자 수시모집에 신경을 쓴 것인데, 그야말로 아버지와 담임선생님한테 무시를 당하며 원서조차 쓰지 못했다는 것에 굉장히 마음이 상했다.

자신이 하고 싶은 대로 그냥 해주었으면 끝까지 자기 인생에 책임을 갖고 시험에 전념을 했을 텐데, 자기 뜻대로 하지 못한 것이 있으니까 불만을 터뜨릴 대상이 생기게 된 것이다.

"아이에게 스스로 실패하는 법도 배울 기회를 주어야 한다."

아이가 선택하고 스스로 선택한 것에 대한 실패 경험도 해보게 하는 것이 좋겠다는 말이 떠올랐다. 하지만 아버지는 아이의 수능성적을 올리기 위해 영역별 족집게라는 과외 선생님을 붙여주었다. 아이는 아버지가 시키는 대로 해야 했다.

결과는 좋지 않았다. 학생은 그해 수능에서 근소한 점수 차이로 최저인 2등급에 미치지 못해 재수를 하기로 했다는 소식을 접했다.

부모는 누구나 자식이 잘 되기를 바란다. 아이에게 안 좋은 일이 생기면 누구보다 먼저 가슴 아파하기 마련이다. 그리고 아이에게 조금이라도 안 좋은 일이 생기면 얼른 그것을 없애주기 위해 나서곤 한다.

하지만 세상은 누구나 항상 좋은 일만 겪으며 살 수 없다. 때로는 안 좋은 일도 겪어야 하고, 좌절도 하고, 실패도 하기 마련이다. 따라서 내 자식이 안 좋은 일로 좌절할 때는 스스로 일어서는 법도 배울 기회를 줘야 한다.

부모는 아이가 좀 무모한 일을 하려고 한다 하더라도 아이가 도움을 청할 때까지는 곁에서 지켜보는 연습도 필요하다. 아이의 생명에 지장이 있을 정도의 위험한 일이 아니라면 적어도 아이가 스스로 실패하는 법을 배울 기회를 줘야 한다.

그때 아이가 하고 싶어 하는 대로 Y대 원서를 쓰게 하고, 아이가 스스로 자신의 선택을 통해 실패경험을 쌓아갔더라면 어땠을까 생각해 본다. 적어도 그 시기에 힘들어하는 것보다 좀 더 시험에 집중할 수 있지 않았을까?

그랬다면 설사 원하는 대학에 떨어졌더라도 자신이 한 선택이기에 그 실패 경험을 통해 더 많은 것을 배울 수 있지 않았을까?

원하는 걸
먼저 해줘라

우스갯소리다. 시골에 사는 조카 두 아이가 방학을 맞아 서울에서 번듯한 직장에 다니는 삼촌집에 일주일간 머물게 되었다. 자상한 삼촌은 조카들에게 일주일 동안 무엇이든지 잘해 주려고 세심한 배려를 했다. 그래서 조카들을 데리고 여기저기 구경시켜 주면서 매번 고급 음식점으로 데려가서 값비싼 음식도 사 주었다.

"애들아, 배고프지? 뭐 먹고 싶니?"

"응, 자장면."

"삼촌 나도 자장면 사줘."

"야, 여기까지 와서 자장면을 찾고 있냐? 삼촌이 더 맛있는 것 사줄게."

삼촌은 매번 이런 식으로 조카들을 음식점에 데려가서 갈비도 사주고, 양식집에 데려가서 돈가스도 사주고, 고급 뷔페식당에 데려가서 마음껏 먹고 싶은 대로 먹게 해주었다. 그때마다 삼촌은 조카들을 위해서 뭔가 해주었다는 마음에 뿌듯해 하면서 주머니가 축나는 것을 아까워하지 않았다.

그렇게 일주일이 지나서 조카들이 시골로 내려갈 때가 되었다. 삼촌은 그 동안 조카들한테 해준 것이 많아서 뭔가 듣기 좋은 소리를 들으려고 조카들을 보고 이렇게 물어보았다.

"그 동안 재미있었지? 뭐가 제일 좋았어?"

당연히 조카들 입에서 좋은 말들이 나올 줄 알았는데, 조카들은 오히려 뽀루퉁 하게 말을 했다.

"삼촌은 참 치사해!"

"그게 무슨 소리야? 삼촌이 뭘 잘못했는데?"

"우리가 먹고 싶다는 것 한 번도 안 사줬잖아!"

"그게 뭔데?"

"자장면!"

"맞아, 나도 서울에서 자장면 먹고 싶었는데, 삼촌은 맨날 이상한 것만 사줬잖아!"

"……?"

그 동안 삼촌이 조카들에게 사준 모든 음식이 물거품이 되는 순간이었다. 갈비를 사주고, 돈가스를 사주고, 뷔페식당에 데려가면서 뿌듯해 했던 것은 삼촌의 마음뿐이다. 아이들은 매번 자신들이 먹고 싶어 했던 자장면을 사주지 않는 삼촌이 원망스러울 뿐이다.

우스갯소리로 넘기기에는 좀 그렇다. 우리 주변에는 이런 일이 많이 벌어지고 있기 때문이다. 특히 부모의 입장에서 자식에게 무엇인가를 해주었을 때 이런 일이 많이 벌어지고 있다.

"너, 입고 싶은 옷을 골라 봐."

"엄마, 이 옷 어때?"

"야, 바닥에 질질 끌리는 바지를 왜 입어?"

"그래도 요즘 이게 아이들한테 인기짱이란 말야!"

"어쨌든 그건 불량학생 같잖아! 그건 안 되니까 다른 것 골라 봐."

"그럼, 엄마 이 옷은 어때?"

"야, 그건 좀 어두워 보이지 않냐? 사람이 잘 살려면 환한 옷을 입어야 한다고 했어. 그러니까 이왕이면 환한 옷 중에 골라 봐."

"그럼, 엄마 마음대로 해."

"야, 이 옷은 어떠냐? 예쁘지? 색상도 환하고, 가격도 비싸고, 뭔가 좀 귀해 보이지 않니?"

"그건 너무 튀잖아! 그걸 어떻게 입어?"

"튀면 좋은 거잖아. 다 너를 위한 거니까 입어 봐."

"……?"

어쩌면 나 자신이 바로 이 이야기 속의 주인공일 수가 있다. 한번쯤은 객관적인 입장에서 따져볼 필요가 있는 이야기다.

어머니가 선택한 옷을 아이가 입고 다닌다면 누가 누구에게 해준 것이 더 많은 것일까? 물론 자식을 사랑해서 누구보다 예쁘고 비싼 옷을 사준 부모의 마음을 깎아 내릴 수 없다. 그러나 이 상황을 놓고 보면 부모가 아이의 말을 들어 주기보다, 아이가 부모의 말을 들어 주고 있는 상황이다. 즉 부모는 아이에게 옷이라는 물질을 사주고 있지만, 아이는 부모가 옷을 사주며 누리는 부모의 마음을 받아주고 있는 것이다.

삼촌이 자기 생각에 맞춰 아무리 좋은 음식을 사주었어도 조카들이 원하는 자장면 하나 사주지 않아서 원망을 사는 것과 마찬가지다. 요즘 아이들이 옛날에 비해서 물질적으로 풍부한 환경 속에서 살면서 오히려 욕구불만이 쌓여 가는 이유가 바로 여기에 있다.

아무리 좋은 것이라도 아이가 원하는 대로 해주지 않는 것이라면 문제가 있다는 것을 인식해야 한다. 자칫 소홀히 했다가는 남들보다 더 좋은 것을 해 주고도 막상 아이한테는 하나도 받은 것이 없다는 불만을 듣게 될 것이기 때문이다.

아이가 원하는 것을 해줘야 비로소 해줬다고 할 수 있다. 진정으로 아이를 위한다면 먼저 아이가 원하는 것이 무엇인지 정말 진지하게 살펴볼 필요가 있다.

마음대로 주면
받는 사람이 없어진다

"엄마 아빠도 저한테 공부 좀 하라고 잔소리 좀 해 주세요. 다른 애들은 엄마 아빠한테 잔소리 듣는 것이 제일 싫다고 하지만, 저는 엄마 아빠가 저한테 공부하라는 잔소리를 하지 않는 것이 불만이에요. 왜냐 하면 전 아직 어리기 때문에 무엇이든지 저 혼자 할 수가 없잖아요. 엄마 아빠가 공부 좀 하라고 잔소리를 하면 자극을 받아 숙제도 더 열심히 할 텐데, 아예 관심이 없으니까 숙제도 할 맛이 안 나는 거예요. 그러니까 엄마 아빠도 제발 저한테 공부 좀 하라고 잔소리 좀 해 주세요."

오래 전에 중학교 2학년 학생 30여 명을 상대로 부모에게 편지쓰기를 한 적이 있었다. 그때 유독 눈에 들어오는 글 중에 이런 내용이 있었다.

많은 학생들이 제발 공부하라는 잔소리 좀 하지 말라는 내용의 글을 쓴 반면에 이 학생은 제발 공부하라는 잔소리 좀 해 달라고 쓴 것이다. 그때 잘 된 글을 공개적으로 밝히는 자리가 있었는데, 이 글을 쓴 아이는 자신의 이름이 밝혀지는 것을 두려워했다. 괜히 아이들이 자신을 따돌리기라도 할까 봐 걱정을 했던 것이다. 그래서 이 아이의 이름을 밝히지 않은 채 글을 공개했더니 당장 난리가 났다.

"세상에 공부하라고 잔소리 좀 해 달라는 학생이 어디 있어요? 그 거 선생님이 우리 보라고 일부러 지어낸 거죠? 그렇지 않으면 왜 글 을 쓴 사람의 이름이 없어요?"

"그거야 그 학생이 자신의 이름이 밝혀지는 걸 싫어했기 때문이 지."

"왜요?"

"괜히 너희들이 이상하게 볼까 봐 그랬지?"

"그런 애가 있다면 당연히 이상한 아이죠. 세상에 그런 애가 어디 있어요?"

그때 정말 이름을 공개하지 않은 것은 정말이지 다행이었다. 만약 에 이름을 공개했다면 그야말로 이상한 아이를 만들고 남을 분위기 였다. 나중에 그 학생의 어머니와 전화 통화를 할 일이 있어서 조심스 럽게 그동안 있었던 이야기를 해드렸다.

"아이가 부모님께 공부 좀 하라는 잔소리 좀 듣고 싶다는데요? 이 를 어쩌죠?"

"어머, 그래요? 저는 제가 어렸을 때 하도 잔소리를 듣고 자라서 제 아이한테만은 그러고 싶지 않았던 건데. 제가 평소에 공부하라고 하지 않은 것이 아이한테는 관심 없는 것으로 비쳤나 보네요."

어머니는 자신이 어렸을 때 하도 공부 때문에 스트레스를 받아서 아이한테는 스트레스를 주기가 싫었다는 것이다. 또 그동안 아이가 공부를 아주 잘 하는 것도, 아주 못 하는 것도 아니어서 굳이 공부하라고 잔소리할 필요성을 느끼지 못했다는 것이다.

그런데 아이가 속으로 그런 불만을 갖고 있다는 것을 알고 나니 놀랍다는 것이었다.

정말 자식 교육만큼 힘든 일도 없다. 공부하라고 해도 불만인 자식이 있고, 공부하라고 하지 않아도 불만인 자식이 있으니, 정말 어디에 장단을 맞춰야 할지 모를 일이다.

중요한 것은 공부하라는 잔소리가 아니라 그 소리를 어느 아이한테 써먹느냐는 것이다. 공부 때문에 스트레스를 받는 아이에게 공부하라는 잔소리는 분명히 나쁜 소리겠지만, 부모님한테 공부로 관심 좀 받고 싶은 아이에게는 그것만큼 좋은 소리도 없을 것이기 때문이다.

자식 교육은 결코 부모의 방식만 고집해서는 안 된다. 어떤 부모는 자식을 위해 자식한테 공부로 스트레스 주지 않으려고 그냥 놔두었더니 오히려 자식한테 관심이 없다는 소리를 들어야 하고, 어떤 부모는 자식을 위해 공부 좀 시키려고 관심을 가졌더니 오히려 자식한테 스트레스나 준다는 소리를 들어야 한다.

중요한 것은 지금 자식이 나에게 무엇을 원하고 있는가를 알아차리는 것이다. 자식이 부모의 노력을 지나친 관심이나 잔소리로 받아들여 스트레스를 받을 정도라면 얼른 그에 대한 대책을 세워야 하고, 자식이 부모의 말없이 지켜보는 것을 지나친 무관심으로 받아 들여 애정결핍을 느낄 정도라면 얼른 그에 대한 대책 또한 세워야 한다.

무엇보다 먼저 내가 옳다는 것을 무조건 자식에게 강요해서는 안 된다는 것을 알아야 한다. 내가 자식을 위해서 가장 좋은 것을 준다 하더라도 자식이 싫어한다면 그것이 자식을 해치는 것일 수 있다. 아무리 옳다고 하더라도 자식이 올바르게 받아들이지 않는다면 얼른 그 방법을 바꿔야 한다.

몸에 좋은 약이라도 체질이 맞지 않은 사람에게는 독이 될 수 있듯이, 주변 사람들이 좋은 것이라고 하더라도 내 자식이 좋게 받아들이지 않으면 그것은 내 자식과 맞지 않는 것이 있다는 것을 알아 차려야 한다.

자식에게 무엇을 해줄 때는 반드시 자식이 원하는 것이 무엇인가를 알아야 한다. 진정으로 자식이 원하는 것을 해준다면 100원짜리로도 만족을 주고, 또 자식도 부모가 원하는 것을 해드리며 올바르게 자라기 마련이다.

　그러나 자식이 원하는 깃이 무엇인지 알려고 히지도 않고 그저 부모의 취향대로 해준다면, 그것이 아무리 비싸고 좋은 것이라도 자식은 만족을 느낄 날이 없을 것이고, 또 자식도 그것을 그대로 부모에게 되돌려 주게 되어서 부모도 자식을 키우며 결코 만족할 날이 없게 되는 것이다.

백세시대
좋은부모되기

아이의 몫을
분명히 하자

"새해 복 많이 받으세요."

"오냐, 새해에는 공부 열심히 하거라."

아이들에게 용돈이 가장 많이 생기는 날이 바로 설날이다. 이때 많은 부모님들은 아이들의 씀씀이를 지도한다는 명목으로 아이들의 용돈을 자신들 마음대로 처리하고 있다.

"세배돈 이리 가져와. 엄마가 저금해 줄게."

"……."

"네가 갖고 있으면 막 쓸 거잖아. 새 학기 시작되면 돈 쓸 일도 많으니까 그때 이 돈으로 써. 알았지?"

"알았어."

이 상황에서 아이들의 입장을 생각해 보자. 세배돈은 분명히 아이의 돈이다. 그런데 그 돈을 부모가 자기 마음대로 하려고 한다. 아이는 자기 돈인데도 불구하고 부모의 힘에 밀려 아무 말도 못하고 있다. 그러는 중에 부모도 자기 논을 마음대로 썼으니까 자신도 부모의 돈을 마음대로 쓸 수 있다는 생각을 갖게 된다. 단지 지금은 힘이 약하니까 부모가 하자는 대로 하지만 나중에 힘이 커지면 부모에게 배운 그대로 자기 마음대로 부모의 돈을 쓰려고 할지도 모른다.

"사업하게 돈 좀 주세요."
"사업하기 전에 먼저 준비를 해야 하는 거 아니냐?"
"싫으면 관둬요. 제가 알아서 할게요."

아이가 커서 이렇게 말하면 부모들은 대개 아이의 말을 들어 줄 수밖에 없다. 안 그러면 당장 집을 나가 버리니까 불안하기 때문이다. 그러나 젊었을 때 자신이 고생을 하는 노력 끝에 자신이 스스로 자금을 마련해서 사업을 시작한 사람과 처음부터 부모의 돈으로 쉽게 사업을 시작한 사람의 결과는 확연하게 달라진다.

"현명한 어부는 고기 잡는 법을 가르치지, 고기를 직접 잡아 주지 않는다."

이 말은 잘 알고 있으면서도 그 뜻을 생활 속에 구체적으로 적용시키지 못하는 경우가 많다. 대표적인 것이 아이의 용돈관리다. 아이가 용돈을 올바르게 쓰는 법을 가르치기 위해서는 적어도 아이가 자신의 돈을 스스로 쓸 기회를 주어야 한다.

아이에게 용돈을 저축하는 법을 가르친다면서 부모가 아이의 용돈을 마음대로 통제를 하면 정작 아이는 자신의 용돈을 자기 마음대로 써 본 적이 없게 된다. 아이는 어렸을 때부터 자신의 돈조차 자기 마음대로 써 본 적이 없기 때문에 정말로 돈 쓰는 법을 배울 기회가 없게 된다. 부모 입장에서는 용돈을 올바르게 쓰는 법을 가르치기 위해 저축을 시켰다고 하지만, 아이 입장에서는 자기 돈으로 자기가 사고 싶은 장난감 하나 마음대로 사 보지 못했기 때문에 그 욕구불만이 그대로 내면에 쌓여지게 되는 것이다.

그 욕구불만은 나중에 폭발하기 마련이다. 아무리 착하게 자란 아이라 하더라도 어른이 되면 자신도 모르게 무의식적으로 쌓여진 욕구불만을 해소하기 위한 행동을 한다. 어른이 되면 씀씀이가 헤퍼진다거나, 부모의 재산을 마치 자신의 재산으로 당연히 여기는 행동을 하게 되는 것이다. 사업을 할 때도 자신의 능력과 자본력을 따져가며 심사숙고를 하기보다는 부모의 자본력에 기대서 쉽게 시작을 하고, 또 그만큼 쉽게 포기를 하는 경우가 생기는 것이다. 부모 입장에서는 자식을 위해서 아무리 퍼줘도 끝이 없는 일이 되고 만다.

우습게 여길 이야기가 아니다. 우리 주변에는 이런 일들이 비일비재하게 벌어지고 있다. 이 모든 것이 다 부모가 자식을 위한다는 생각으로 어렸을 때부터 아이의 몫을 마치 자신의 몫으로 생각하고 마음대로 써왔기 때문이다.

아이들은 어렸을 때부터 부모의 행동을 그대로 따라 배우게 되어 있다. 자신이 어리고 힘이 없다는 이유로 자신의 용돈을 마음대로 처리하는 부모의 행동을 나중에 어른이 되고 나서 자유롭게 행동할 수 있게 될 무렵에 그대로 따라 하게 된다.

아이가 어렸을 때부터 자식의 몫을 분명하게 해줘야 하는 이유가 여기에 있다. 아이가 받은 세배돈 만큼 이라도 아이가 쓰고 싶은 대로 쓰게 맡겨놓고 지켜볼 필요가 있다.

원하는 것을
일단 해주고 보자

아이들이 원하는 것은 결코 큰 것이 아니다. 관심을 갖고 아이를 키워 본 사람은 안다. 아이를 데리고 시장에 갔을 때 처음에 사 달라는 것을 사 주면 거의 그것으로 만족하고 끝나지만, 처음에 사 달라는 것을 사 주지 않으면 쉽게 포기하지 않고 다른 것을 사 달라고 계속 떼를 쓰기 시작한다. 자기 욕심을 채우지 못하면 아이는 그 자리에서 울고, 부모는 아이를 혼내면서 서로 즐겁지 않은 시간을 보내게 되는 것이다. 부모는 아이가 떼를 써서 그랬다고 혼을 내고, 아이는 부모가 원하는 대로 해주지 않았다고 떼를 쓰는 상황이 계속 반복되는 것이다.

아이가 원하는 것을 들어주지 않으면 아이의 마음속에는 부모에 대한 욕구불만이 쌓이게 된다. 또한 부모 스스로도 아이가 사 달라는 것을 마음껏 사주지 않은 것에 대한 미안한 마음이 남게 된다. 다행히 부모가 그 마음을 알아차려 그것을 만회하고자 다른 것을 아무리 사 준다 해도 아이의 틀어진 마음은 이미 되돌릴 수 없게 되고 만다. 결국 당장 아이가 원하는 것을 사주지 않은 다음에는 부모가 그 어떤 좋은 물건을 사준다 해도 아이는 자신이 원하는 것을 가지지 못한 불만 때문에 고마워할 줄 모르게 된다.

하지만 아이가 처음에 사고 싶어 하는 것을 사 주고 나면 설사 그것이 좀 비싸다 싶었어도 결국 집에 돌아오면 그것이 가장 현명한 소비였다는 것을 알게 된다. 아이가 기뻐하는 그것 하나만으로도 소비의 가치는 충분히 얻었다고 봐야 한다. 실제로 그렇게 몇 번 하다 보면 아이는 이후부터 부모가 원하는 것을 들어주기 시작한다. 물건이 비싸다 싶으면 아이가 먼저 부모 눈치를 살펴 가며 자기 수준에 맞는 것을 고르게 된다. 그 아이는 그렇게 크면서 부모에게 큰 불만 없는 좋은 인성을 갖추며 성장한다.

또 아이가 원하는 것을 먼저 사주다 보면 부모 입장에서도 아이에게 올바른 소비생활에 대해 훈육을 할 수도 있다. 몇 번 해달라는 대로 해준 것이 있기 때문에 아이는 나중에 부모가 거절을 하더라도 웬만한 말은 잘 들어주게 된다.

따라서 아이의 목숨이 걸린 위험한 일이 아니라면 아이가 원하는 대로 일단 해주는 것이 좋다. 아이가 해달라는 것이 정말 아이에게 해가 되는 것이라면 먼저 그것을 이해시키기 위한 노력을 기울여야 한다.

"엄마는 네가 그것을 하면 위험해서 걱정이 되는데 어떻게 하지?"

"그것은 너무 비싸서 지금 엄마 돈으로는 사 줄 수가 없는데 어떻게 하지?"

부모가 진심으로 이야기를 하면 아이들은 거의 들어주게 되어 있다. 그런데 당장 사주기 싫으니까 "돈이 없어서 못 사준다"고 하거나, "너를 위해서 그것은 사 줄 수 없다"는 식으로 이야기를 한다면 아이는 이미 부모의 마음을 알아차리고 욕구불만으로 빠지게 되는 것이다. 그렇게 자란 아이들이 나중에 부모가 늙어서 힘이 없게 되면, 용돈으로 효도를 다 했다고 생각한다. 또는 양로원에 부모를 맡기면서 그래도 좋은 시설에 모셨으니 자식으로서 할 도리는 다 했다고 큰소리치는 자식들이 늘어나는 것이다.

나중에 내 자신이 원하는 대로 해주기를 바란다면 지금 아이를 키울 때 먼저 자식이 원하는 것을 들어줄 줄 알아야 한다. 청바지 입고 싶어 할 때 청바지를 사주고, 자장면 먹고 싶어 할 때 자장면 사주고, 만화책 읽고 싶어 할 때 만화책 사주고, 텔레비전 재미있게 시청할 때 함께 즐겨줄 줄 아는 노력을 해야 한다.

원하는 것을
먼저 말하라

장래 희망이 우주 항공사라는 학생이 있었다. 성적이 상위권인 학생이라 S대 물리학과를 지원하고 싶다고 했다. 그래서 장래 희망이 우주 항공사인데 왜 물리학과를 선택했냐고 물었다.

"현재 우리나라에는 우주 항공사가 되기 위한 길이 많지 않기 때문이에요."

"그래서 물리학과에 지원한 다음에 어떻게 하려고?"

"우선 제 실력이 좀 부족하니까 S대 물리학과에서 좀 더 공부를 한 다음에 미국에 있는 우주 항공학과로 편입을 하려고 해요."

어떻게 보면 아이의 꿈이 구체적인 것 같다. 그러나 중요한 것은 우주 항공사가 정말로 꿈이라면 고등학교 때부터 그 분야에 두각을 나타냈어야 하는데 평범한 인문계 고등학교에 진학해서 내신 성적을 유지하기에 급급했다는 것이다. 물론 현실과 동떨어진 우리나라 교육의 문제이기도 했지만, 어쨌든 학생의 생각은 좀 현실과 거리가 있었다.

"그러면 고등학교도 과학고 쪽으로 갔어야 하는 거 아냐? 그런데 왜 인문계를 택했지?"

"그건 어머니가 내신 성적이 유리하다고 해서 그랬어요."

"어머니는 네 계획에 대해서 어떻게 생각하는데?"

"어머니는 모르실 거예요."

"왜?"

"말하면 뭐해요? 제 의견은 들어 주지도 않는데."

"그러면 현실적으로 미국에 간다는 것이 가능하기는 해? 나중에 네가 그렇게 한다면 부모님이 허락하실 것 같아?"

"어쨌든 저는 이 땅을 벗어나고 싶어요. 부모님 생각만 하면 스트레스가 쌓이기 때문에 어떻게든지 이 땅을 떠나고 싶은 거예요."

얼마 후에 이 학생의 어머니를 만날 기회가 생겼을 때, 차마 아이가 부모님 때문에 스트레스를 받는다는 말을 하지 못하고, 잠시 말을 돌려서 이런 식으로 이야기를 꺼내 보았다.

"아드님이 나중에 우주 항공학을 배우기 위해 미국으로 유학을 가겠다는데 어떻게 생각하세요?"

"어머, 그래요? 저는 처음 듣는 소리네요."

"나중에 아드님이 정말로 미국 유학을 가겠다고 하시면 어떻게 하실 건가요?"

"실력이나 되면 얼마든지 밀어주죠. 지금 실력으로는 어림도 없으니까 문제지."

"어머님은 아드님이 장래에 뭐가 되었으면 좋겠어요?"

"저는 아이가 그냥 평범한 선생님이나 되었으면 좋겠어요."

"아드님한테도 그렇게 말씀하셨어요?"

"그야 실력만 된다면 얼마든지 밀어준다고 했지요."

"만약에 아드님이 정말로 실력이 되어서 미국 유학을 가겠다고 하면 어떻게 하시겠어요? 또 그곳에서 직장을 얻어 주저앉는다고 하면…."

"그건 그때 가서 실력이 된다면 생각해 봐야죠."

"만약에 지금 당장 실력이 된다면 어떻게 하실 건가요?"

"전 그냥 평범한 학교 선생님이나 되었으면 하는데…."

"결국 미국 유학은 원하지 않는다는 말씀인가요?"

"글쎄요, 실력이 된다면 몰라도…. 하긴 실력이 된다 하더라도 왜 그 고생을 사서 하려고 할까?"

어머니는 집안 형편이 넉넉하지 않고, 아이가 맏아들이어서 외국으로 내보내고 싶지 않다는 뜻을 비쳤다. 차라리 아이에게 넉넉지 못한 집안 형편을 이야기하고, 아이가 형편에 맞게 스스로 진학 문제에 대해서 고민하게 하는 것이 옳았을지 모른다. 고등학교 진학할 때 과학고에 가겠다는 아이에게 내신을 핑계로 인문계 고등학교에 진학하도록 강요한 이유도 사실 집안 형편 때문이었다. 아이는 마지못해 부모의 뜻에 따라 인문계를 선택한 것이다.

부모는 아이가 원하는 것은 다 들어 줄 수 있는 것처럼 오로지 공부만 열심히 하라고 했다. 하지만 미국으로 유학 갈 실력이 되면 얼마든지 보내 줄 수 있다며 큰소리는 치지만, 내심으로는 집안 형편도 문제였지만 맏아들인 아이를 외국으로 보내고 싶지 않았던 것이다.

아이는 내신이 좋아서 학교 선생님이 되기 위해 사범대학이나 교육대학은 충분히 갈 실력이 되고도 남았다.

"선생님이 됐으면 한다면 굳이 S대가 아니어도 되잖아요? 아드님은 지금 성적으로도 마음만 먹으면 사범대학은 어디든지 갈 수가 있으니까 걱정할 이유가 없잖아요?"

"그래도 이왕이면 S대가 좋지 않나요?"

"물론 성적만 된다면 S대가 좋지요. 하지만 선생님 되는 것이 꿈이라면 굳이 대학 때문에 성적으로 스트레스를 받지 않는 게 더 좋지 않을까요? 아드님은 스트레스만 받지 않으면 수능에서도 S대에 합격할 점수는 충분히 받을 수 있다고 봐요. 문제는 S대에 꼭 붙어야 한다는 스트레스 때문에 오히려 점수가 나오지 않고 있는 거예요."

어머니는 한번도 자식에게 자신의 솔직한 이야기를 한 적이 없었다. 아이가 공부를 잘 하고, 또 부모의 말을 잘 들으니까 어떻게든지 S대에 보내고 싶었던 것이다. 내심으로는 S대에 붙기만 하면 명예도 얻고, 장학금도 받기 때문에 넉넉지 못한 집안 형편에 더 이상 바랄 것이 없었다. 그 욕심을 감추고 아이에게는 오로지 너의 장래를 위해서 그러는 거라며 S대를 강요하고 있는 것이다.

정작 아이에게는 그것이 스트레스였다. 모의고사 시험이 끝나기가 무섭게 점수를 확인하고 닦달을 해대는 어머니와 학교 선생님 때문에 스트레스를 받았다. 그래서 대학교만 붙으면 부모 곁을 멀리 떠나고 싶다는 것이다. 사실 미국에 유학을 가고 싶다는 것도 우선 부모 곁을 떠나고 싶어서 가진 생각이다.

어머니가 좀 더 솔직했으면 어땠을까?

"집안 형편이 좀 어려우니 어떻게든지 네가 S대에 붙어줬으면 좋겠다. 하지만 그게 힘들다면 지금 실력으로도 사범대학은 얼마든지 갈 수 있다니까 엄마는 걱정하지 않는다. 엄마는 네가 해 달라는 대로 해줄 테니까 부담 갖지 말고 최선을 다 해라."

이런 식으로 아이의 부담감을 덜어 주었다면 아이가 모의고사 성적 때문에 받는 스트레스에서 벗어나 오히려 더 좋은 점수를 얻지 않았을까? 또 설사 그렇게 해서 성적이 나오지 않았더라도 적어도 아이가 부모 곁을 떠나고 싶다는 극한 마음을 품지 않게 하지는 않았을까?

이 학생은 수능 점수가 원하는 만큼 나오지 않아 최종적으로 S대에는 떨어졌다. 하지만 내신이 좋아 웬만한 아이들이 부러워하는 학교에는 입학을 했다. 그런데도 열심히 공부해서 반드시 미국으로 유학을 가겠다는 말을 빠뜨리지 않았다.

학생과 부모의 미래에 대해서 잠시 생각해 보았다. 부모의 간섭과 잔소리에서 벗어나고 싶어서라도 미국으로 유학을 가고 말겠다는 이 아이가 나중에 부모를 어떻게 모실지 궁금하다.

chart 2

아빠도 아이의
행복을 책임져라

아이가 원하는 것은 큰 것이 아니다.

그저 자기의 감정을 맞춰주기만 해도 크게 만족한다.

아이의 말만 잘 들으면 그 안에 답이 보인다.

때로는 엄한
아빠도 있어야 한다

지금 대기업에서 잘 나가는 강사로 활동하는 사람의 이야기다. 고등학교 1학년 때까지 밴드 동아리 활동을 하면서 대학도 포기하려고 했다. 어느 날 아빠한테 불려 갔다.

"네가 밴드로 성공할 수 있다는 비전을 제시해 봐라. 그렇지 않으면 너는 아빠의 말을 따라야 한다."

"……."

그는 순간적으로 할 말을 잃었다. 감정적으로 밴드들의 삶이 부러웠고, 그렇게 사는 것이 멋있어 보였을 뿐이지, 구체적으로 밴드로 성공할 수 있는 비전을 제시할 수 없었기 때문이다.

"아빠로서 나는 네가 자신이 하는 일에 비전도 없이 살려고 하는 것을 용서 할 수 없다. 그 동안은 네가 좋아하는 일을 하고 있다고 생각해서 지켜 보았지만, 이제 네 인생을 책임질 나이도 되었으니 그냥 지켜볼 수 없다. 밴드로 성공할 비전을 제시할 수 없으면 이제라도 공부를 해서 아빠의 말에 따르도록 해라."

처음으로 아빠의 강압적인 태도에 놀라 아무 말도 하지 못했다. 그렇다고 그 자리에서 바로 아빠의 의견에 따르겠다고 할 수도 없었다. 그러자 말로만 타이르던 아빠가 아예 밴드를 못하게 했다. 아빠는 아들이 반항을 하자 급기야 엉덩이에 몽둥이를 댔다.

아빠의 강제로 밴드를 할 수 없게 되었지만, 그는 대학에 합격하면 그때는 마음 놓고 다시 밴드를 하겠다는 생각으로 아빠의 눈치를 보며 공부를 했다. 그러다 공부한 만큼 갑자기 성적이 오르자 그 재미가 쏠쏠해지기 시작했다. 그 후로 성적에 대한 성취감을 느끼며 공부를 했고, 아빠가 원하는 대로 남들이 알아주는 대학교에 진학을 했다.

그는 지금도 그때 아빠의 몽둥이 찜질이 아니었으면 지금 자신의 모습이 어땠을까 생각만 해도 아찔하다는 말을 주변 사람들에게 자주 하고 다닌다.

때로는 엄한 아빠도 있어야 한다.

아이의 미래를
재단하지 말라

학창시절 내내 상위권에 들었던 사람이다. 부모는 아이에게 공부를 하라는 말 한 마디 하지 않았다. 그의 소원은 부모한테 공부하라는 잔소리라도 한번 들어보는 것이었다.

"공부가 밥 먹여 주냐?"

아빠는 농사일을 했는데 수시로 방에 들어 박혀 책을 읽거나 공부하는 아이에게 잔소리를 했다. 심지어 농사철 모내기와 겹치는 중간고사 기간에는 일하지 않고 방에만 박혀 있다고 못된 자식이라며 구박을 했다.

그는 학창시절 내내 공부만 할 수 있는 아이들이 부러웠고, 그 감정은 그대로 아빠에 대한 원망으로 쌓이기 시작했다.

지금도 아빠만 생각하면 그럴 수밖에 없었던 아빠의 입장을 이해는 하지만, 속에서부터 밀려오는 원망을 주체할 수 없다고 한다.

그는 고등학교 시절에 자신의 처지를 비관하며 보내다가 얼떨결에 아무도 알아주지 않는 대학교에 입학은 했지만, 졸업 후에 자기 열등감에 빠져 원만한 직장 생활을 유지할 수 없었다.

아직도 학창시절에 아빠가 공부하라고만 했어도 지금쯤 자신의 인생은 바뀌어져 있을 거라며 돌아가신 아빠에 대한 원망을 털어놓는다.

수학을 유독 좋아하는 학생이 있었다. 수학경시대회에 나가서 입상까지 한 학생이다. 장래희망이 의사가 되는 것이라고 했다. 소위 일류대학교 의과대학에 진학할 정도의 성적에는 미치지 못하지만 그래도 조금만 더 노력하면 웬만한 지방의 의과대학에는 충분히 진학할 수 있는 아이였다.

문제는 아빠였다. 아빠는 아이가 지방대학교에 가는 것을 달가워하지 않았다. 어떤 형태로든 소위 일류대학교에 진학하는 것을 강요할 뿐이었다. 수능 모의고사가 끝이 나면 아이에게 먼저 그 정도 실력으로 의과대학에 갈 수 있겠냐며 모의고사 성적이 잘 나온 친구의 아들과 비교하며 잔소리를 하기 일쑤였다.

아이는 그것이 엄청난 스트레스였다. 모의고사 시험이 끝나고 나면 항상 풀이 죽어 있었다. 결국 아이는 수시에서 지방 캠퍼스 의과대학에 원서를 쓰려고 했더니, 아빠는 아이의 모의고사 점수로 봐서는 확률이 없다며 차라리 수능에 집중하라고 원서조차 쓰지 못하게 했다.

아이는 아빠 이야기만 하면 눈물까지 글썽일 정도로 아빠에 대한 원망을 품고 있었다. 그나마 내신과 수능성적에 맞춰 서울대학교에 입학을 했지만, 학과가 적성에 맞지 않는다며 1년 만에 자퇴를 하고 군대에 갔다.

아빠가 먼저
다가가야 한다

교육 선진국들의 아빠들과 비교하여 점수화 한다면, 우리나라의 아빠들은 100점 만점에 10점도 안 되는 수준이다. 최근 들어 아빠들이 자녀양육에 대한 관심이 점점 많아져 가고 있는 것은 사실이나 아직도 아빠가 자녀에게 대하는 감정이나 정서, 사랑의 지수는 매우 낮은 편이다.

아이의 문제는 곧 아빠의 문제라는 말이 있다. 아빠의 역할을 어떻게 수행하며 어떠한 교육환경을 만들어 주었느냐에 따라서 자녀양육의 승패가 달려 있다고 봐야 한다.

아빠의 사랑과 신뢰, 도움 등은 6세 이전, 그 중에서도 특히 3세 이전에 가장 필요하다. 사람의 일생을 좌우하는 거의 모든 교육의 결정적 요소들은 주로 이 시기에 완성된다.

이 시기에 아빠는 권위적 태도를 버려야 한다. 아이들은 스무 살이 되기 전까지 두뇌가 완전히 발달한 것이 아니다. 아이들은 이성을 통제하는 두뇌가 발달하지 않아 감정적인 판단이 앞서는 것은 당연한 일이다.

"요즘 아이들은 버릇이 없어."

삼천 년 전부터 전해져 내려오는 어른들의 이런 말은 선천적으로 감정적인 판단을 먼저 하게 되는 아이들의 두뇌를 이해하지 못한 데서 온 말이다.

어른들은 두뇌가 다 발달해서 이성적인 판단을 하는 전두엽으로 사고를 한다고 한다. 이에 반해 아이들은 전두엽이 다 발달하지 않아 주로 감정적으로 판단하는 측두엽으로 사고를 한다고 한다.

그런데 어른들은 자신이 어렸을 때 감정적인 판단을 먼저 내세웠다는 사실을 망각하고, 아이들을 훈육하려는 과정에서 아이들을 이해하지 못하고 이성적으로 대하려다 자신도 모르게 멀쩡한 아이들을 문제아로 만드는 것이다.

집안에서 아빠들의 훈육태도가 아이의 인생에 끼치는 영향은 지대하다. 아빠가 권위적인 경우 아이들은 감정적으로 대응하는 경우가 많다. 이것이 습관화 되면 아빠의 말이 아무리 옳더라도 자신도 모르게 감정이 먼저 올라와서 아빠 말을 전혀 듣지 않게 된다는 것이다.

아이들은 스무 살까지 부모의 눈으로 세상을 본다고 한다. 어렸을 때 부모가 보여준 훈육 태도로 세상을 바라보게 되는 것이다. 따라서 이때 아이에게 필요한 것은 통제나 간섭이 아니라 인격을 존중하고 스스로 이성적 판단력을 키워갈 수 있도록 도와주는 것을 부모의 역할이라고 봐야 한다.

예전에는 아이들이 가업을 물려받는 경우가 많았다. 아빠는 가업을 물려주는 일을 가르치는 과정에서 자연스럽게 인생관을 들려줄 수 있었다. 아이도 아빠를 통해 일을 배우며 아빠의 세계관을 배울 수 있었다.

요즘은 아빠와 아이들의 거리가 너무나 멀다. 가업을 물려 받는 경우도 드물어서 함께 할 시간도 일부러 만들지 않으면 거의 없을 정도다. 그래서 초등학생들을 대상으로 가족관계를 나타내는 그림을 그리라고 해보면 아빠가 없는 경우가 많다. 그만큼 아이들의 생활 속에 아빠들의 자리가 멀어져 있는 것이다.

몸이 멀어지면 마음이 멀어지는 것은 어쩔 수 없다. 아이들의 마음 속에 아빠의 존재가 멀어지는 것은 안타까운 일이다. 오로지 가족을 위해서, 돈을 벌어오기 위해서, 사업을 하기 위해서 바깥으로 나돌 수밖에 없는 아빠들로서는 여간 억울한 일이 아닐 수 없다.

하지만 몸이 멀어졌다고 해서 모든 사람들이 다 마음까지 멀어지는 것은 아니다. 같이 있는 시간이 많아도 마음이 더욱 멀어지는 사람이 있고, 떨어져 있는 시간이 많아도 마음은 더욱 가까워지는 사람이 있다. 아빠가 아무리 바쁘다고 해도 마음만 쓰면 얼마든지 아이들과

백세시대
좋은 부모되기

가까이 있을 수 있는 것이다.

아빠가 먼저 변해야 한다.

아빠가 먼저 아이에게 다가가야 한다.

원하는 것을
살피면 답이 보인다

다섯 살 난 어린 아이가 있다. 어느 날 엄마가 급하게 볼 일이 있어서 잠시 밖에 나가려고 하는데 아이가 따라 붙으려고 했다. 엄마는 아이를 데리고 나가는 것이 귀찮기도 해서 이렇게 말했다.

"엄마, 금방 다녀올 테니까 넌 집에 남아 있어."

그러자 아이가 귀찮게 묻기 시작했다.

"엄마, 남는 게 뭐야?"

엄마는 아이에게 대답을 해주다 보면 시간도 걸리고 하니까 서재에서 공부하고 있는 아빠를 가리키며 말했다.

"응, 그건 아빠한테 물어 봐."

아이는 아빠에게 달려갔다. 엄마는 일을 보러 급하게 밖으로 나갔다. 아이는 아빠에게 다가가서 물었다.

"아빠, 남는 게 뭐야?"

아빠는 아이의 모습을 빤히 바라보았다. 아이의 표정이 진지했다.

아빠는 잠시 생각한 후에 아이의 장난감을 가리키며 이렇게 말했다.

"저 장난감 세 개만 가져와 봐."

아이가 쪼르르 달려가서 장난감 세 개를 가져왔다. 아빠는 그것을 아이 앞에 놓게 하고 말했다.

"여기서 두 개를 가져가 봐."

아이가 두 깨를 빼냈다. 아빠가 말했다.

"이제 몇 개가 남았지?"

"응, 아빠 하나가 남았어."

"그래? 이게 남는다는 거야."

그러자 아이는 알았다는 듯이 환하게 웃으며 이렇게 말했다.

"아하, 이게 남는다는 거구나."

아이는 이렇게 말하고 아무 일도 없었다는 듯이 자기 방으로 가서 장난감을 갖고 놀았다.

얼마 안 있어 엄마가 들어왔다. 엄마는 아이를 떼놓고 혼자 나갔다 온 것이 미안해서 쪼르르 달려와서 자기를 반기는 아이를 보고 말했다.

"엄마는 네가 엄마 말 잘 들어줘서 기뻐."

그러자 아이가 엄마에게 또 물었다.

"엄마, 기쁜 게 뭐야?"

엄마는 또 난감해 졌다. 다시 아빠를 가리키며 말했다.

"응, 그건 아빠한테 물어 볼래?"

아이는 또 쪼르르 아빠한테 날려가서 물었다.

"아빠, 기쁜 게 뭐야?"

아빠는 또 아이의 모습을 보며 잠시 생각에 빠졌다. 그러다가 아이의 팔뚝을 잡아 살짝 비틀어 꼬집었다.

"아야!"

"어때?"

"아파!"

아빠는 두 팔로 아이를 치켜들었다 꼭 안아 주며 이렇게 말했다.

"그래? 그럼 이제 한번 웃어 봐."

아이는 아빠를 보고 싱긋 웃어 보였다.

"지금은 어때?"

"응, 기뻐."

아빠는 아이를 내려 놓으며 이렇게 말했다.

"그렇지? 이게 기쁘다는 거야."

"아하, 이게 기쁘다는 거구나."

아이는 또 쪼르르 자기 방으로 달려갔다.

아이가 원하는 것은 큰 것이 아니다. 그저 자기의 감정을 맞춰주기만 해도 크게 만족한다. 물론 아이가 커가면서 물질적인 것을 요구할 때 감당하기 어려운 것도 있겠지만, 웬만한 것은 다 감당할 수 있는 수준이다. 아이의 말만 잘 들으면 그 속에서 대안이 보인다.

그것을 알아내기 위해서는 부단한 노력이 필요하다. 누구나 아이가 원하는 것을 살핀다고 해서 답을 볼 수 있는 것은 아니다. 오로지 아이와 소통하려고 부단히 노력한 부모만이 가질 수 있는 능력이다.

아빠의 영향력이
훨씬 크다

"우리 애가 욕을 잘 하는데 어쩌면 좋죠?"

"구체적으로 어떻게 욕을 하는데요."

"아빠가 운전하는 차를 타고 가다가 앞차가 끼어들기만 해도 욕을 하고, 자기 성질에 맞지 않으면 우선 욕부터 하고 그래요."

"그때마다 아이에게 뭐라고 하는데요?"

"욕을 하면 안 된다고 하죠."

한 어머니가 초등학교 3학년짜리 아이가 욕을 입에 붙이고 산다며 고민을 털어 놓았다.

아빠들이 한번쯤 생각해 볼 문제다.

이 아이가 욕을 잘 하는 이유가 무엇일까?

부모는 자식의 거울이다. 이런 질문을 받고 바로 대답해 줄 수는 없다. 괜히 직접적으로 "평소에 아빠나 엄마가 욕을 심하게 하지 않느냐?"고 질문을 했다가는 질문한 사람이 얼굴을 붉힐 확률이 높기 때문이다.

"아이가 왜 그런다고 생각하세요?"

바로 대답하기가 뭐할 때는 이렇게 되묻는 것이 좋다. 답은 이미 상대도 알고 있다. 답을 몰라서 묻는 것이 아니라 답답하니까 묻는 경우가 대부분이다.

"남편이 운전할 때마다 다른 차가 끼어들거나 조금 늦기라도 하면 경적을 눌러대며 욕을 해대곤 해요."

"그럴 때 어머니는 옆에서 뭐라고 하시는데요?"

"제발 애 있는 앞에서는 그러지 말라고 해도 소용이 없어요. 그것 때문에 애 앞에서 싸운 적도 많아요."

책임은 아빠에게 있다는 것이다. 자신의 감정을 있는 그대로 표현하는 것이야 뭐라고 할 수 없겠지만, 그것을 받아들이는 사람의 입장을 전혀 고려하지 않고 있는 것은 심각한 문제인 것이다.

어렸을 때 감정 표현을 제대로 배우지 못한 아이들은 사회성에 심각한 문제를 드러낸다.

"친구 생일 때 많은 아이들이 노래방에 가자고 했대요. 그런데 우리 아이만 PC방에 가자고 했다는 거예요. 결국 다수결에 의해서 노래방에 갔는데, 그 곳에서 우리 아이가 노래는 하지도 않고 딴짓만 하더라는 거예요. 그것까지는 그래도 봐주겠는데, 심지어 노래하라고 시키는 아이들한테 '난 여기 오고 싶지 않았는데 너희들 때문에 온 거야. 그러니까 나한테 노래는 시킬 생각도 하지 마.' 라고 딱 잘라 말하고는 계속 혼자서 딴 짓만 하고 왔다는 거예요. 좀 문제가 있는 게 아닌가요? 그런데 애 아빠는 어렸을 때는 다 그런 거라며 아무 걱정하지 말라고 하는데, 얼마나 속이 상한지…."

그래도 엄마는 아이가 사회성에 문제가 있다는 것을 발견하고 그것을 찾기 위해 노력하고 있는 중이니 다행이다. 그에 비해 아빠는 문제의 심각성을 깨닫지 못하고 있다. 아이가 친구들과 쉽게 동화되지 못하는 행동을 하고 있는데 아무런 문제점도 찾지 못하고 있다.

아이는 부모를 통해서 세상을 배운다. 그런데 대개 많은 아빠들은 아이들이 엄마와 함께 하는 시간이 많아서 엄마의 영향을 많이 받는 것으로 착각하기 십상이다.

일반적으로 아빠의 경우는 아이와 만나는 시간이 짧아서 영향이 적을 것 같지만 오히려 짧은 시간에 더욱 강렬한 영향을 끼친다. 정말 좋은 아빠가 되고 싶고, 아이를 올바른 길로 이끌고 싶다면 지금 당장 아빠로서의 평소 행동습관을 점검해 봐야 한다.

먼저 아빠로서 아이에게 지키지 못할 약속을 남발하지 않나 살펴봐야 한다. 지키지 못할 약속을 하고 나중에 아이가 왜 안 해줬냐고 할 때 그냥 넘어가는 것은 어른이 아이를 온전한 인격체로 인정하지 않아 생기는 마음의 표출인 것이다. 이런 아빠의 모습에 길들여진 아이는 은연중에 세상은 믿을 게 없다는 불신감을 갖게 되고 적대감과 반항심을 품게 된다.

휴일에 늦잠이나 자고 TV나 보는 행위도 심각하다. 한낮이 되도록 늦잠을 자거나 소파에 누워 TV를 보면서 일주일간의 스트레스를 푸는 것으로 볼 수 있다. 하지만 아빠와 놀 수 있는 휴일만 기다린 아이들은 아빠의 이런 모습을 보고 어른은 무엇이든 제 멋대로 하는 사람이라는 인식을 갖게 되고, 아빠는 자신을 좋아하지 않는 사람이라는 반감을 품게 된다.

문제는 어렸을 때 은연중에 아빠의 부정적인 모습을 뇌리에 각인했을 때 생기는 것이다. 아이는 자신도 모르게 아빠한테 배운 사회 부적응적인 행동들을 스스럼없이 하게 된다.

그것만으로 끝나는 게 아니라 그런 행동으로 부모나 선생님들로부터 혼나거나 훈계를 듣기 시작하면 괜한 반항 심리까지 부추길 수 있다. 자신의 인식 속에서는 아무 문제 없는 행동인데, 선생님이나 부모가 그것을 나쁘다고 하니까 괜히 반감이 생기게 되고, 그 반감을 사회적이나 개인적으로 반항심리로 표출하는 것이다. 결국 문제아의 내면에는 어렸을 때부터 자신도 모르게 보고 배워온 부모의 삶이 들어차 있다는 것이다.

내 아이를 문제아로 만들기 전에 아빠가 먼저 생각해 가며 아이에게 무의식적으로 심어줄 수 있는 부정적인 영향을 미치는 습관을 고칠 수 있도록 노력해 나가야 한다.

책은 아빠와 아이의 평생 친구다

놀이문화가 TV나 온라인게임 등 혼자서 할 수 있는 것으로 바뀌면서 아이들이 골방에 파묻히는 양상을 보인다. 환경의 변화는 아이들의 체력과 정서발달에 심각한 문제를 일으킨다. 또한 반복적인 게임은 좌·우뇌의 불균형까지 초래한다.

유아 및 아동기에는 주위와 교류하고 정보를 쌓으면서 좌·우뇌의 균형적인 발달을 이루게 해줘야 한다. 단순하고 직선적인 사고만을 필요로 하는 각종 게임은 언어능력과 기억력, 통합적 사고능력, 계산능력 등에 심각한 악영향을 불러올 수 있다.

이때 필요한 것이 바로 독서이다. 독서만큼 전체적인 뇌기능 강화와 운동에 효과적인 것도 없다. 문제는 아이에게 어떻게 독서를 권하는가이다. 아무리 좋은 것도 아이가 쉽게 받아들이지 않는다면 무용지물이다.

독서가 좋다는 것을 알았으면 어떻게 아이가 자연스럽게 독서를 좋아하게 만드느냐는 것은 온전히 부모의 몫이다. 그 중에 아빠의 몫은 아이가 스스로 책을 좋아하게 만드는 결정적인 역할을 한다.

일반적인 아빠들은 강압적으로 무조건 게임을 못하게 하거나 독서를 강요하는 경향이 있다. 이런 태도는 아이에게 도리어 스트레스를 주면서 악영향을 끼칠 수 있다. 아이를 좋게 만들려고 독서를 권하는 과정에서 오히려 아이를 망치게 할 수 있는 것이다.

아이가 책을 좋아하게 만드는 방법은 먼저 아빠가 책을 가까이 하는 모습을 보여 주는 것이다. 거실이나 방에 다양한 종류의 책들을 비치해 놓고 아이가 언제든지 책을 장난감처럼 갖고 놀게 주위 환경을 만들어 주는 것이다. 아이에게 특정한 책을 강요하거나 의무적으로 독후감을 발표하게 하지 말고, 자연스럽게 아이와의 대화 시간을 통해 일상생활과 연결시킬 수 있도록 도와주어야 한다.

아빠가 책을 친구처럼 항상 가까이 하는 삶의 변화가 필요하다. 아이를 위해서 책을 가까이 하는 것이 아니라 자신의 삶을 위해 책을 친구처럼 가까이 하는 삶이 필요하다. 그래야 아이를 위해 책을 읽는 고역으로부터 벗어날 수가 있다. 책을 통해서 아이가 변화하는 모습을 기다릴 고통으로부터 벗어날 수가 있다.

책을 통해 아이와 함께 하는 삶, 그 자체가 기쁨이자 행복을 추구하는 일상이 되어야 한다. 아빠가 책을 친구로 삼아 인생을 즐기는 모습을 보일 때 아이도 책을 친구로 삼아 아빠가 원하는 삶을 살아 주게 될 것이다.

아이는 하라는 대로
할 뿐이다

"거짓말하지 말라."

"아빠는 세상에서 거짓말하는 사람이 제일 싫어."

"솔직한 사람이 되라."

"솔직하게 말하면 용서해 줄게."

부모들은 아이들한테 이런 식으로 교육을 시킨다. 그러나 이 말에는 큰 모순이 있다. 논리적으로 따져도 이 말은 전혀 앞뒤가 맞지 않고, 현실적으로 따지면 더더욱 맞지 않는다. 이런 말을 쓸 때는 먼저 앞뒤 전후 사정을 잘 따져보고 해야 한다.

먼저 이 말이 왜 이론적으로 맞지 않는 말인지 따져보자.

"아빠, 거짓말을 하면 왜 안 되는데?"

아이가 이렇게 묻는다면 뭐라고 답하겠는가?

거짓말을 하면 왜 안 되는가?

거짓말을 하는 것이 왜 나쁜 것인가?

진지하게 물어보면 부모들은 이런 식으로 말을 한다.

"거짓말은 나쁘니까 그렇지?"

"거짓말이 왜 나쁜데?"

"너, 정말 몰라서 묻니?"

"응, 정말 몰라. 엄마, 거짓말이 왜 나빠?"

아이가 이렇게 끝까지 물어 온다면 어떻게 해야 할까?

"그야 거짓말을 하면 상대한테 피해를 주니까 그렇지."

"하지만 거짓말 때문에 좋아하는 경우도 있잖아?"

"거짓말을 좋아하는 사람이 누가 있어?"

"아빠는 내가 기분 나쁘다고 솔직하게 화내면 기분이 좋아?"

"그럼 안 돼지."

"그러면 아빠는 내가 기분 나빠도 솔직하게 화내기 보다는 거짓말
로 웃어주는 것이 더 좋다는 거잖아."

"……?"

우리는 수많은 거짓말 속에서 살고 있다. 상대방의 거짓말 때문에
화가 날 때도 있지만, 상대방의 거짓말을 눈치 채지 못하고 행복해 하
는 경우도 많다.

때로는 선의의 거짓말이 필요하다고까지 배우고 있다. 문제는 선
의의 거짓말은 상황에 따라 그 기준이 애매모호 할 수가 있다는 것이

다. 결국 거짓말 자체가 나쁜 것이 아니라 거짓말을 나쁘게 쓰는 경우가 나쁜 것이다.

"거짓말을 하지 말라."

이 말은 이론적으로 분명히 문제가 있다. 정확하게 말하려면 "선의의 거짓말은 해도 좋지만, 악의의 거짓말은 절대로 하지 말라."고 해야 그나마 이론적으로 맞는 말이다.

그런데 또 따지고 보면 '선의의 거짓말'과 '악의의 거짓말'의 기준이 과연 무엇이냐는 의문도 생긴다.

거짓말은 누구나 자기 입장에서 선의의 거짓말일 수 있다. 누구나가 자기의 이익을 챙기기 위해서 거짓말을 한다. 심지어 상대가 기분 나빠할까 봐 상대를 위해서 거짓말을 하는 것도 따지고 보면 그렇게 하지 않으면 상대에게 미움을 받을까 봐 하는 것이니까 궁극적으로는 자신의 이익을 위해 하게 되는 거짓말이다.

아이도 부모에게 거짓말을 할 때는 어떻게든지 자신의 이익을 챙기기 위해서 하는 것이다. 부모가 마음 상할까 봐 하는 거짓말이건, 또는 부모한테 혼날까 봐 그 상황을 모면하기 위해 하는 거짓말이건, 아이의 입장에서는 모두 자신의 이익을 위해서 거짓말을 하는 것이다.

그런 아이에게 "거짓말을 하지 말라", "거짓말을 하는 사람이 제일 싫다"는 식으로 주입을 시키면 아이는 그대로 할 수밖에 없다. "솔직한 사람이 돼라", "솔직하면 용서해줄게"라는 식으로 어려서부터 주입을 시켜 놓으면 아이는 가끔 솔직하지 않아도 될 때 솔직한 아이가 된다.

"너, 시험 잘 봤니?"

"아니, 못 봤어."

"뭐라고? 너, 그러기에 열심히 공부하라고 했지?"

"아빠는 솔직하게 말하면 용서해 준다고 해놓고 왜 화를 내?"

"공부도 못하는 게 꼬박 말대꾸까지 할래?"

"아빠, 그럼 내가 지금 이 순간에 거짓말을 해야 돼. 아빠는 거짓말하는 사람이 제일 싫다고 했잖아. 그래서 난 사실대로 말했을 뿐이야."

자녀가 이런 식으로 아주 냉철하게 논리적이고 이성적으로 따져온다면 어떻게 하겠는가?

아이에게 절대적으로 옳고 그른 것이 있다고 강요해서는 안 된다. 실제적으로 세상에는 절대적으로 옳고 그른 것은 존재하지 않는다. 문제는 그것을 어떤 사람이, 어떤 상황에서, 어떻게 쓰느냐에 따라서 옳은 것도 되고, 그른 것도 되는 것일 뿐이다.

아이에게 옳고 그른 것을 가르칠 때는 먼저 그 상황과 아이가 처한 입장을 먼저 살펴야 한다. 아이가 지금 거짓말을 할 수밖에 없는 상황과 아이의 처지가 어떤지 살피고, 그 상황에 맞게 거짓말이 왜 나쁘고 좋은지를 타일러야 한다.

그렇지 않고 무조건 거짓말을 했기 때문에 잘못했다고 혼부터 내놓고 본다면 자칫 아이를 더욱 못된 아이로 만들어놓을 수가 있다.

솔직함과 어리석음은
동전의 양면이다

고등학교 학창시절에 가장 힘들었던 경험과 가장 뜻 깊었던 경험을 이야기 해 보시오. 그 경험들이 자신의 인생에 어떤 영향을 끼쳤는지 구체적으로 이야기 해 보시오.

어려서부터 아나운서가 꿈이라는 여학생이 있었다. 그래서 고1때부터 Y대 신문방송학과를 목표로 누구보다 열심히 공부를 했다. 고등학교를 선택할 때도 일부러 내신에서 유리한 성적을 얻기 위해 주변 학교에서 좀 처진다는 곳을 택했다. 입학할 때부터 졸업할 때까지 한 번도 전교 1등을 놓쳐본 적이 없는 학생이다.

수시에서 S대 영문학과와 Y대 신문방송학과, 그리고 D대 영문학과와 S여대 영문학과에 원서를 썼다. 영어 기초가 튼튼한 학생이라 Y대도 영문학과를 쓰면 어쩌겠냐고 했더니 하나 정도는 소신 지원을 하고 싶다고 했다.

다른 곳은 몰라도 Y대 신문방송학과는 포기할 수 없다고 했다. Y 대와 S대가 농어촌특별전형으로 지원을 해서 논술 시험을 치르지 않아도 된다고 했다. 학교 선생님도 두 곳은 가능성이 있다고 했다는 것이다.

신문방송학과를 가려면 좀 당당한 태도를 보여야 하는데 워낙 내성적이고 얌전하기만 해서 이 부분을 짚어주면서 면접시험을 볼 때는 당당하게 시험관을 바라보고 할 말을 마음껏 해보라고 했다. 그런데 Y대 면접을 보고 와서 이 학생은 풀이 죽었다.

"고등학교 때 가장 힘들었던 경험과 그것을 극복했던 사례와 고등학교 때 가장 뜻 깊었던 경험과 그것이 자신의 인생에 끼친 영향에 대해서 구체적으로 설명을 해 보라는 거였어요."

"그래, 그래서 뭐라고 했는데?

학생은 눈시울이 붉어지기 시작했다.

"솔직한 게 좋다 싶어서 고1때 친구들한테 왕따 당했던 경험을…."

학생은 말을 끝맺지 못하고 끝내 눈물을 보였다. 휴지를 건네주며 학생이 진정하기를 기다리며 다음 말을 기다렸다. 그랬더니 학생은 멋쩍은 웃음을 지으며 말했다.

"모르겠어요, 저도 이 말만 하면 왜 눈물이 나는지…."

"면접장에서도 그렇게 눈물을 흘렸어?"

학생은 멋쩍게 웃음을 지으며 고개를 끄덕였다.

"선생님, 저 떨어졌겠죠?"

"왜 그렇게 생각하는데?"

"제가 말을 제대로 못했잖아요."

"어쨌든 좋은 경험은 했잖아. 이제 수능 끝나면 S대 면접도 있으니까 그때는 좀 더 신중하게 준비하기로 하자."

솔직함과 어리석음은 백지 한 장 차이니까 말 한 마디를 하더라도 신중하게 해야 한다. 더구나 신문방송학과를 지원하려면 당당하고 적극적인 모습을 보이는 것이 학과 특성상 높은 평가를 받을 거라고 했다. 학생도 그런 점은 다 알고 있기 때문에 의도적으로 당당하게 임하려고 했다. 그런데 막상 면접 시험장에 가니까 당황해서 속에 있는 말이 그대로 나왔다는 것이다. 그리고 자신도 모르게 속이 복받쳐 올랐고, 자신이 준비했던 말이 하나도 떠오르지 않았다는 것이다.

학생의 부모님은 독실한 천주교인이었다. 학생은 어려서부터 부모한테 사람은 솔직해야 한다는 말을 귀에 못이 박히도록 들으며 자랐다고 했다. 그래서인지 자신도 모르게 뭔가 꾸미는 말을 하려면 괜히 가슴이 답답해 졌다는 것이다. 준비해간 말을 하려고 했는데 갑자기 가슴이 답답해지면서 아무 말도 떠오르지 않았다는 것이다. 그래서 솔직히 말하는 게 낫다 싶어서 왕따 당했던 경험을 이야기하기 시작한 것이고, 그 이야기를 하다 보니까 자신도 모르게 눈물을 흘리게 됐다는 것이다.

부모들이 아이들에게 무조건 솔직함만을 가르치는 것은 많은 문제점을 안고 있다. 물론 우리가 일상적으로 쓰는 솔직함이란 좋은 말이다. 부모들이 자식에게 솔직함을 가르치는 것은 그런 의미에서 잘한다고 생각할 수 있다.

그러나 잠시 생각을 한번만 돌려보면 우리 주변에서는 솔직함이 무조건 좋은 것만은 아니라는 것을 알 수 있다. 상대에게 해를 끼치기 위해서 속이거나, 자신의 이익만을 챙기기 위해서 솔직하지 못한 행동을 하는 것은 분명히 나쁠 수가 있지만, 상황에 따라서 거짓말을 하는 것이 상대를 위하는 행동이 될 때도 있다는 것을 알아야 한다.

먼저 아이의 행동을
잘 헤아려 보자

어떤 아이가 어느 날 엄마한테 쪽지를 내보였다. 그 쪽지에는 엄마 심부름한 값 500원, 신발 정리한 값 100원, 엄마 아파서 누워 있을 때 설거지한 값 500원, 아빠한테 뽀뽀해 준 값 300원, 동생과 놀아 준 값 300원 하는 식으로 자기가 한 착한 일에 대한 대가를 돈을 계산해 달라는 청구서가 적혀 있었던 것이다. 이럴 때 여러분이라면 어떻게 하겠습니까?

자녀가 실제로 이렇게 한다면 어떻게 가르쳐 줘야 할까?

학생들에게 이 문제를 보여주고 물어 보았다. 부모 입장에서는 반대로 이럴 때 나는 어떻게 할 것인지 생각해 봤으면 한다.

"저도 똑같이 낳아서 길러주고, 밥해주고, 옷 사주고, 잠 재워준 것은 돈으로 달라고 할 거예요."

많은 아이들이 이렇게 대답을 했다. 아이들한테 이런 답이 많이 나온다는 것은 상당히 긍정적인 결과다. 적어도 아이들은 부모님한테 어떤 대가를 바란다는 것이 옳지 못하다는 것을 알고 있기 때문이다.

이 문제를 부모에게도 물어봤던 적이 있다. 많은 부모들이 이런 질문을 받았을 때 이와 비슷한 대답을 하고 있다. 하지만 부모가 이렇게 말한다는 것은 문제가 있다. 부모의 입장에서는 결코 옳은 방법이 아니기 때문이다.

"그냥 돈을 주고 말아요."
"그건 아이의 버릇을 나쁘게 들이는 거죠. 아이 교육을 잘못 시키는 거예요."
"너무 당연한 것을 가지고 무슨 돈을 달라느냐고 할 거예요."
"그건 아이의 행동을 묵살하는 거지요. 아이의 불만을 어떻게 감당하시려고요?"

많은 부모들이 이런 식으로 대답을 했다. 정말 심각한 문제다.
이런 반응은 아이의 행동에 대해 부모가 감정적으로 반응을 보이는 것이다. 부모가 이런 식으로 감정적인 대응을 보이면, 아이는 부모가 부리는 감정을 받아 들여 똑같이 감정을 부리게 되기 때문에 자신의 잘못을 깨달을 길이 없어진다. 결코 자녀에게 올바른 모습을 보이는 것이 아니다.

이 문제가 나온 책에는 아이의 어머니가 '너를 낳아 준 값 얼마, 맛있는 요리 해준 값 얼마, 옷 사 주고 길러 준 값 얼마' 이런 식으로 자식에게 똑같이 청구서를 작성했다. 그리고 마지막에 '**이 모든 것은 공짜, 왜냐하면 나는 너를 사랑하니까**' 라고 써서 보여줬다는 것을 예시답안이라고 보여 주었다.

그렇다면 이 예시답안이 의미하는 것은 무엇일까?

만약에 예시답안을 외어서 아이들에게 그대로 가르쳐 준다고 할 때 과연 그것이 그대로 통할 수 있을까?

정말로 이 문제의 내용을 이해했다면 그대로 답을 외어서 말하기보다는 이 글에 담겨 있는 교훈을 내 것으로 소화시켜 발표할 줄 알아야 한다.

먼저 아이가 왜 그런 행동을 했는지에 대해 이해하려는 노력이 필요하다. 어쩌면 아이는 용돈이 더 필요했거나, 또는 평소에 부모님이 무슨 일을 시킬 때마다 돈으로 계산하는 버릇을 들여 놓았기 때문에 그러는 것인지도 모른다.

아이가 용돈이 더 필요해서 그랬다면 얼른 그 부분을 헤아려 줘야 하는 것이고, 아이의 행동이 아무래도 내가 잘못 버릇을 들여 놓았기 때문에 그런 것이다 싶으면 얼른 자신의 잘못부터 잘못을 인정해야 한다. 그러면 아이는 먼저 부모님의 진실한 마음을 받아 들여 저절로 자신이 지금 무슨 잘못을 하고 있는지 확실하게 깨달을 수 있는 기회를 갖게 될 것이나.

이렇게 아이의 마음을 헤아리기 위해서는 먼저 아이의 행동을 잘 받아 들일 수 있어야 한다. 아이의 행동에 대해서 바로 반응을 보이기 전에 먼저 아이가 그렇게 행동할 수밖에 없는 입장을 헤아려 보아야 한다. 그러면 아이는 부모님이 자신의 입장을 헤아려 주었다는 그 마음 하나만으로도 금방 자신의 잘못을 알아차릴 수 있다.

아이의 행동을 헤아리기 전에 그 행동에 대해서 옳고 그름을 따지게 되면 아이는 이미 감정이 상해서 부모의 말에 반감을 표하게 된다. 이때는 부모가 아무리 이론적으로 옳은 말을 한다 해도 아이한테는 한낱 잔소리로 밖에 들리지 않을 수 있다. 이럴 때 정말 못된 아이는 더욱 비뚤어 질 수 있는 것이고, 그나마 착한 아이는 마음의 상처를 크게 받을 수 있어서 조심해야 한다.

간혹 아이의 돌발적인 행동으로 당황스러워 감정이 올라 올 때는 바로 반응을 보이기 전에 먼저 아이의 행동을 잘 헤아려 보는 연습이 필요하다. 그러다 보면 아이는 저절로 부모의 마음을 헤아려 스스로 자신의 잘못을 깨닫게 될 것이기 때문이다. 잘못을 지적하기보다 먼저 잘못을 할 수밖에 없는 아이의 마음을 헤아릴 줄 아는 부모가 되어야 한다.

아이들은 말보다
행동을 먼저 배운다

사람들이 아이에 대하여 행하는, 혹은 행할 수 있는 도덕 교육의 교훈은 대부분 다음과 같은 식으로 요약할 수 있다.

선생 : 그런 짓을 해서는 안 된다.

아이 : 왜 안 되죠?

선생 : 그것은 나쁜 짓이기 때문이다.

아이 : 나쁜 짓? 어떤 것이 나쁜 거죠?

선생 : 금지되어 있는 일을 말한다.

아이 : 금지되어 있는 일을 하면 어째서 나쁜가요?

선생 : 너는 말을 듣지 않았기 때문에 벌을 받게 된다.

아이 : 그럼, 남들이 모르게 하면 되지요.

선생 : 누군가가 네가 하는 일을 지켜보고 있을 것이다.

아이 : 숨어서 하겠어요.

선생 : 네게 무엇을 했느냐고 물을 것이다.

아이 : 거짓말을 하면 되죠.

선생 : 거짓말을 해서는 안 된다.

아이 : 왜 거짓말을 하면 안 되나요?

선생 : 그것은 나쁜 짓이기 때문이다.

......

이것은 피하기 어려운 순환이다. 여기서 더 벗어나면, 아이는 당신들이 하는 말을 알아듣지 못한다. 이것은 참으로 유익한 교훈이다. 사람들은 이 대화를 어떤 것으로 대치할 수 있는지 알고 싶다. 선과 악을 아는 것이나 인간은 왜 여러 가지 의무를 지켜야 하는지 등의 문제는 아이들이 이해할 영역이 아니다.
　　　　　　　　　　　　　　　　　　　　　　　-루소의 '에밀' 중에서

이 이야기가 우리에게 주는 교훈은 무엇일까?

세상에는 말로만 표현하기에는 부족한 것이 많다. 말에는 분명한 한계가 있다. 이 이야기를 한번쯤 되돌려서 아이가 정말 착한 아이라고 생각했을 때를 가정해 볼 필요가 있다.

앞에서 우리는 거짓말이 절대적으로 나쁜 것이 아니라는 것을 짚어 보았다. 그렇기 때문에 '에밀'의 선생은 아이에게 말과 이론에서 밀릴 수밖에 없다.

선생은 나쁜 짓은 금지되어 있고, 금지되어 있는 말을 듣지 않으면 벌을 받게 된다고 했다. 아이는 벌을 받는 게 문제라면 남들이 모르게 하면 되지 않느냐고 반문하고 있다. 남한테 들켜서 벌을 받는 게 문제라면 들키지 않게 숨어서 하고, 누군가 물어보면 벌을 받지 않기 위해 거짓말을 하면 되지 않느냐는 것이다. 그러자 선생은 결국 거짓말은 나쁜 짓이기 때문에 하면 안 된다고 한다. 결국 말이 돌고 돌아 거짓말이 나쁘기 때문에 해서는 안 된다는 말밖에 할 수 없는 것이다.

아이들은 이쯤 되면 어른의 말 속의 모순점을 알아 차린다.

현실에는 거짓말이 결코 나쁘게만 쓰이지 않는 것을 아이들은 생활 속에서 알고 있다. 특히 지혜와 꾀에 밝은 아이는 이런 부분에 더욱 뛰어난 모습을 보인다.

도덕성을 갖춘 이성적인 인간은 결코 말로만 가르쳐서 만들어 낼 수 없다. 루소는 『에밀』을 통해서 아이들을 교육시킬 때는 말로만 해서는 안 되고, 반드시 생활 속에서 구체적인 삶을 통해 저절로 알 수 있도록 해야 한다는 것을 주장하고 있다.

우리 주변에는 실제로 이런 일들이 많이 벌어지고 있다.

"사람은 착하게 살아야 한단다."

"아빠, 어떻게 사는 게 착하게 사는 거예요?"

"불쌍한 사람을 보면 도와주고, 남한테 피해를 주지 않는 것이 착하게 사는 거지."

부모들은 아이들에게 이렇게 가르친다. 그런데 정작 아이가 부모의 말을 그대로 따라 행하면 괜히 화를 내기 시작한다.

한 아이가 모처럼 엄마가 사준 값비싼 운동화를 신고 학교에 갔다. 그런데 그날 저녁에 아이는 값비싼 운동화를 버려두고 맨발로 집에 돌아왔다.

"새 신발은 어떻게 하고 온 거야?"

아이는 화가 난 엄마를 보고도 아무렇지도 않은 듯이 말한다.

"집에 오는데 학교 앞에서 맨발로 쭈그려 앉아있는 불쌍한 거지아이를 만났어. 그 아이가 너무 불쌍해 보여서 그냥 내 운동화를 벗어주고 왔지."

"너, 그 운동화가 얼마짜린 줄 알아?"

"엄마, 왜 그래?"

"이것아, 비싼 운동화를 그렇게 쉽게 남한테 줘버리면 어떻게 해?"

"……?"

이럴 때 아이는 정말 어떻게 해야 할까? 엄마가 착하게 살려면 불쌍한 사람을 도와주라고 해서 그대로 했을 뿐인데, 엄마는 어느 한 순간 비싼 운동화 때문에 아이를 잡고 있다. 아이는 결국 착한 일을 하고서도 엄마한테 혼나는 꼴이 되어 버린 것이다. 아이는 이럴 때 심각한 가치관의 혼돈을 일으킬 수밖에 없다.

다음부터는 가난한 거지를 보고도 엄마한테 혼났던 기억이 있어서 이러지도 저러지도 못하는 수동적인 아이가 될 수밖에 없다. 아이는 이런 식으로 자신의 행동에 책임을 지는 의지적인 아이로 성장하기보다는 매순간 그저 엄마 눈치나 살펴야 하는 아이로 전락할 수밖에 없다.

아이는 말보다 행동을 먼저 배우게 되어 있다. 엄마가 주라고 하면 어쩌고저쩌고 상황을 따지고 주는 것이 아니라 그냥 줘놓고 본다. 그런데 엄마는 아이에게 온갖 옳은 말은 다 하면서 정작 그것을 실천하지 못하고 있다. 아무리 옳은 일이라 하더라도 현실적으로 자신의 욕심을 먼저 챙기려는 마음 때문에 비싼 신발값을 먼저 따지고 신발을 주고 온 아이를 혼내주는 것이다. 아이가 신발을 벗어주고 돌아오는 행위를 용납할 수 없는 것이다.

이럴 때 아이는 어떻게 해야 하나?

엄마의 어떤 마음에 장단을 맞춰야 하나? 신발을 벗어주는 것이 옳다고 배우긴 했는데, 그대로 따라 했다고 혼나는 경우가 많아지면 그때는 정말 어떻게 해야 하나?

아이에게 말할 때는 추상적인 말이 아니라 구체적인 상황에 맞춰줘야 한다. 추상적인 말은 옳은 것 같지만, 구체적으로 적용할 때 문제를 일으킬 수 있다. 아이들은 아직 이성적인 두뇌보다 감성적인 두뇌가 더 발달한 시기여서 추상적인 말로 이성적인 교육을 시킬 것이 아니라, 구체적인 상황을 제시함으로써 바로 행동으로 나올 수 있도록 해줘야 한다. 아이들에세 필요한 것은 추상적인 훈계가 아니라 구체적으로 드러나는 행동으로 보여주는 교육이 필요한 것이기 때문이다.

chart 3

굽으면 굽은 대로
곧으면 곧은 대로

열심히 일만 할 줄 아는 개미형 인간보다

　여기저기 인맥을 잘 다져놓은

　거미형 인간이 성공할 가능성이 높다.

행복지수는
사회적인 책임이 더 크다

그동안 우리나라는 지속적인 경제성장을 이루어 왔다. 그러나 국민소득 4만 달러를 눈 앞에 둘 정도로 경제 성장을 이루었지만, 국민들의 행복지수는 갈수록 떨어지고 있는 것으로 드러나고 있다. 그 이유가 무엇인지 밝혀보고 그 해결책을 제시해 보라.

세상에는 크게 네 가지 부류의 나라가 있다. 경제적으로 부유하면서 국민들의 행복지수가 높게 나타나는 나라, 경제적으로는 부유하지만 국민들의 행복지수가 낮게 나타나는 나라, 경제적으로는 가난하지만 국민들의 행복지수가 높은 나라, 경제적으로도 가난하면서 국민들의 행복지수도 낮은 나라가 바로 그것이다.

영국의 신경제학재단이 2006년 7월 12일에 발표한 자료에 따르면 우리나라는 세계 경제력에서는 13위이지만 국민의 행복지수는 세계 102위에 속한다고 나왔다. 국민들의 행복지수가 가장 높은 나라는 인구 21만 명 규모의 작은 섬나라이면서 세계 경제력이 209위인 바누아투공화국이 차지했다고 한다.

그렇다면 이런 현상은 왜 벌어지는 걸까? 어떻게 그 해결책을 찾아야 할까?

"우리나라가 경제력은 높은데 행복지수가 낮은 이유가 무엇일까? 그 해결책은 어떻게 찾아야 할까?"

"요즘은 물질적인 가치를 높이 치기 때문에 경제력은 높지만 행복지수가 낮은 것은 아닐까요?"

"그러면 그 대책은 어떻게 세워야 할까?"

"사람들이 세상을 사는 데는 물질적인 가치보다 더 중요한 것이 있다는 것을 깨닫게 해야 합니다."

"구체적으로 어떻게 해야 깨닫게 할 수 있을까?"

행복지수가 낮은 문제의 원인을 개인의 가치관에서 찾는 경우가 많다. 대안도 대개 세상에는 돈보다 더 중요한 것이 있다는 가치관을 가져야 한다는 식으로 제시하고 있다.

그러나 과연 그럴까?

한때 많은 조사기관들이 "대저택에 사는 미국 백만장자보다 오두막집에 사는 마사이족 전사들이 더 행복하다고 느낀다"는 조사 결과

를 제시하면서 돈과 행복지수는 비례하지 않는다고 주장했던 적이
있다.

하지만 최근에는 돈과 행복지수는 분명히 상관관계가 있다는 주
장이 나오고 있다. 실제로 경제소득이 높은 국민일수록 행복지수가
높게 나타나는 것으로 조사됐다. 개인의 행복지수는 결코 돈과 관련
이 있다는 결론이다.

따라서 행복지수를 높이기 위해서 돈보다 더 중요한 가치관이 있
다는 것을 깨달아야 한다고 주장하는 것만으로는 뭔가 부족하다. 분
명히 돈은 개인의 행복지수를 높이는데 중요한 수단으로 작용한다.

그렇다면 우리나라는 경제력은 높은데 왜 상대적으로 국민들의
행복지수가 낮게 나타나는 것일까?

인간은 사회적 동물이다. 내가 아무리 돈이 많더라도 그것을 혼자
서 부둥켜안으려고만 하면 그것을 노리는 다른 사람들의 미움을 받
을 수밖에 없다. 따라서 돈이 많은 사람은 그것을 지키기 위해 필요
이상의 스트레스를 받아야 하고, 상대적으로 돈이 없는 사람은 자신
의 욕심을 챙기기 위해 사회의 불만 세력으로 전락할 수밖에 없다. 결
국 사회적 동물일 수밖에 없는 사람들이 돈이 있고 없음에 따라 갈등
을 일으키게 되면 모두 불행해 질 수밖에 없다.

국민소득과 경제력이 높은 나라인데 국민들의 행복지수가 낮게

나타난다면 반드시 이 문제를 짚고 넘어가야 한다. 더구나 국민소득과 경제력은 어디까지나 평균치일 뿐이다. 국민소득이 평균치로 높게 나타나더라도 빈부격차를 해결하지 못한다면 계층 간의 갈등은 불을 보듯이 뻔한 이치다. 빈부격차로 인해 사회 구성원간의 조화가 깨지고, 구성원들 간의 조화가 깨진 사회는 생존경쟁을 위한 갈등과 대립만이 존재할 뿐이다. 그러다 보면 구성원인 국민들의 행복지수는 상대적으로 낮아질 수밖에 없다.

국민소득은 높은데 국민들의 행복지수가 낮은 것을 경제적인 문제와 개인적인 문제만으로 접근을 해서는 결코 해결책을 찾을 수 없다. 먼저 국민의 행복지수는 사회의 구조적인 문제에 있다는 것을 짚어 낼 수 있어야 하고, 그 다음에 해결책으로 경제적인 분배 문제라든가 공동체 구성원인 개인으로서의 가치관 문제를 짚어 낼 수 있어야한다.

국민소득이 높은 만큼 국민들의 행복지수를 높이기 위해서 먼저 물질적 풍요를 누리는 사람들이 상대적으로 박탈감을 느끼는 공동체 구성원들을 배려하는 정책이 펼쳐져야 한다.

노블리스 오블리제라는 말이 있다. 사회에서 가장 큰 혜택을 받는 이들이 먼저 솔선수범해서 사회를 지키기 위해 그만큼 헌신하고 희생하는 마음을 가져야 한다. 즉 내가 아무리 뛰어난 능력으로 많은 것을 얻었다 하더라도 그것을 나 혼자만 누리려고 해서는 안 된다.

내가 갖고 있는 것만큼 누려서 행복지수를 높이려면 그만큼 주변 사람들을 위해 희생할 줄도 알아야 한다. 그것이 궁극적으로 사회적 동물일 수밖에 없는 자신의 행복지수를 높여 나가는 방법이다.

아이의 행복지수
어떻게 높일 것인가?

전교에서 10등 안에 드는 제법 공부를 잘 하는 아이가 있었다. 어느 날 그 학생이 신경질을 부리고 있었다.

"왜 그렇게 신경질을 부려?"

"아이, 엄마가 또 학교에 와서 난리 치고 갔잖아요."

"그게 무슨 소리야?"

학교에서 학부모 모임이 있는 날이었다고 했다. 아이의 엄마는 학부모 임원 대표를 맡고 있었는데, 아이는 엄마가 학교에 올 때마다 여간 스트레스를 받는 것이 아니란다.

"엄마가 학교를 위해서 열심히 일하면 너한테도 좋은 거잖아?"

"그게 무슨 소리예요? 저는 엄마가 너무 설치는 바람에 친구들 한테 창피해 죽겠는데."

아이는 엄마가 학교에 왔다 가는 날이면 선생님이 자신을 대하는 태도가 달라진다고 했다. 그러면 친구들이 자기를 이상하게 생각하는 것만 같아 심한 스트레스를 받는다는 것이다. 실제로 친구들이 자기들끼리 모여서 쑥덕거리다가 자신이 끼어들면 하던 이야기를 딱 그치면서 눈치를 주더라는 것이다. 아이는 엄마가 제발 학교에 와서 설쳐주지 않았으면 좋겠다고 했다.

며칠 후에 그 아이의 엄마와 만날 일이 생겨서 조심스럽게 물어보았다.

"학부모 모임에 가면 무슨 일을 하세요?"

"그야 우리 아이 좀 잘 봐달라고 아이들한테 먹을 것 좀 잔뜩 사가기도 하고 그러죠."

"아이는 그런 것에 대해서 어떻게 생각하나요?"

"애가 내성적이어서 그런지 창피하다며 그러지 말라고 할 때도 있어요. 하지만 지금은 아이도 내가 다 자기를 위해서 그러는 줄 알고 아무 말도 하지 않아요."

"……?"

아이의 엄마는 소신이 너무 확실해서 더 이상 뭐라고 할 말이 없었다. 괜히 말 한 마디 잘못 붙였다가는 아이의 엄마를 이상한 사람처럼 취급을 한다고 미움을 받을지도 몰라서 그러려니 하고 듣기만 했다.

아이는 학교에서 엄마 때문에 친구들한테 손가락질을 받는다고 생각하고 있었다. 아이가 외향적인 성격이라면 아무런 문제도 없을 일이다. 하지만 아이는 엄마와 성격이 정반대인 내성적이다. 집에서도 엄마의 기세에 눌려 지내는 것이 불만이었는데, 엄마가 학교에 와서 한번 일을 치르고 가면 친구들이 자신을 마마보이라고 쑥덕거리는 것만 같다는 것이다.

학교는 사회적 동물인 인간으로서 세상은 결코 혼자 살아 갈 수 없다는 것을 배우는 공간이다. 사람들의 마음속에는 누구나 자신이 남보다 특별나다는 생각을 갖고 있고, 또 특별난 존재로 인정받기를 바라는 마음이 있다. 반대로 누군가가 특별한 행동을 하면 그 사람을 시기하거나 질투해서 깎아 내리려는 심리도 갖고 있다.

내가 남에게 인정받고 싶어하는 마음만큼 남을 인정하면 좋은데, 일반적인 사람들은 인정받고 싶어하는 만큼 다른 사람을 깎아 내리려고 한다.

아이는 집에서 엄마한테 인정을 받지 못하니까 학교에서 친구들한테만이라도 인정받고 싶었던 것이다. 엄마의 품을 벗어나야 한다는 심리가 강하게 작용하고 있는데, 엄마는 그런 마음을 이해하지 못하고 학교에까지 찾아와서 괜히 자신의 체면을 깎아 놓고 간다는 생각을 하게 된 것이다.

어쩌면 말도 안 되는 소리 같지만 우리 주변에는 이런 일들이 많이 벌어지고 있다. 욕구 불만이 엉뚱한 데서 터져 나오는 경우다.

아이도 이성적으로는 엄마가 자신을 위해서 그런다는 것쯤은 다 알고 있다. 하지만 이성에 앞서 감정적으로 엄마가 자신을 사회적 존재로 인정하지 않는 것에 강한 반발을 하게 되는 것이다.

엄마의 입장에서는 아이를 위한다는 행위가 오히려 아이를 해치는 행위가 될 수 있다는 것을 빨리 자각해야만 해결할 수 있는 문제다.

현명한 부모라면 먼저 아이를 사회적 존재로서 그 가치를 인정해줄 수 있어야 한다. 아이가 아무리 미덥고 못 믿겠다 싶어도 스스로 사회인으로서 적응할 기회를 줘야 한다.

그것이 아이의 행복지수를 높이는 방법이다. 아이가 스스로 자신의 삶을 선택하도록 존중해주는 마음이 매우 중요하다.

아이의 친구를
잘 받아 줘라

공부는 잘 하지만 말 그대로 대인관계가 나쁜 아이하고, 공부도 못 하는

것이 대인관계까지 나쁜 아이가 있다면 둘 중에 누구의 행복지수가 더

높아질까?

"그나마 공부라도 잘 하는 아이가 높겠죠."

많은 사람들이 이렇게 대답을 한다. 공부만 잘 하면 뭔가 좀 다르

지 않겠냐고 생각하는 사람들이다.

과연 그럴까? 한번쯤 주위를 둘러 보자.

물론 가장 행복한 사람은 공부도 잘 하는 아이가 인간성마저 좋아

서 사람들한테 사랑을 받는 사람이다.

그 다음에 공부는 좀 못해도 인간성이 좋아서 대인관계가 원만한

경우다. 대인관계가 좋은 아이들은 아무리 공부를 못했어도 원만한

인간관계를 통해 장사를 하든, 무엇을 하든 무난하게 사회생활을 이

끌어 가고 있다. 요즘 사회적으로 고학력 실업자 문제가 심각하다. 일자리는 한정되어 있는데 대학을 졸업했다는 자존심이 강해 웬만한 일자리는 안중에도 없다는 것이 더 큰 문제이다. 그런데 공부를 못했던 아이는 막노동이라도 하려고 한다.

하지만 웬만큼 공부를 했던 아이들은 막노동보다는 차라리 놀고 먹는 쪽을 택하곤 한다. 공부를 대충 잘 한 아이보다 아예 공부를 못해 대학조차 들어가지 못한 아이의 행복지수가 높에 나타나는 이유가 여기에 있다.

현재는 열심히 일만 할 줄 아는 개미형 인간보다는 여기저기 인맥을 잘 다져놓은 거미형 인간이 성공할 가능성이 높다. 따라서 학창시절에 공부보다 아이가 친구 관계를 원만하게 형성하도록 도와주는 것은 부모가 아이의 행복지수를 높여주는 지름길이기도 하다.

아이가 어렸을 때부터 이 친구 저 친구 가리지 않고 잘 지낼 수 있도록 해서 대인관계를 원만하게 유지할 수 있도록 해 줄 수 있는 것은 부모의 매우 중요한 역할이다.

"저런 친구하고는 놀지 마."

"왜?"

"저 애는 버르장머리가 없잖아. 괜히 너도 버릇이 나빠지면 안 되잖아."

아이의 친구 관계에 민감하게 반응을 보이며 간섭하는 부모가 많다. 아이에게 좋은 친구를 사귀어야 한다며 어려서부터 좋은 친구와 나쁜 친구를 가리는 버릇을 심어 준다. 심지어 내 아이보다 환경이 뒤처진다거나 행동거지가 마음에 안 들면 단호하게 교우 관계를 끊으라고 강요하는 경우마저 있다.

물론 교우 관계는 아이의 인격형성에 큰 영향을 미치기 때문에 각별히 신경을 쓰는 것은 바람직한 현상이다. 하지만 교우관계의 기준과 교우관계를 맺고 끊게 하는 방법이 아이를 위해 얼마나 합당한 것인가는 진지하게 생각해 볼 필요가 있다.

세상에는 수십억 명의 사람이 있다. 그들은 각자 생긴 것도 다르고, 행동하는 것도 다르고, 생각하는 것도 다르다. 사회란 이렇듯 각자 다른 생김새와 행동과 생각을 가진 사람들이 어울려 사는 곳이다.

세상을 살아가면서 원만한 대인관계를 형성하기 위해서는 가장 먼저 다른 사람과 자신과의 차이점을 인정할 수 있어야 한다. 나와 다른 사람과의 차이점을 인정할 줄 아는 시각을 가졌을 때 나를 상대에 맞춰 갈 수가 있기 때문이다.

그런데 그 차이점을 보지 못한다면 아이는 매사에 자신을 기준으로 다른 사람이 자신에게 맞춰 줄 것만을 요구하는 심성을 갖게 될 수가 있다.

따라서 어렸을 때부터 지나치게 아이의 교우 관계에 간섭하는 것은 바람직하지 않은 방법이다. 부모의 기준으로 아이의 교우 관계에

개입하게 되면 아이는 세상을 자기 기준으로만 보는 심성을 갖게 될 우려가 있다.

내 아이가 진정으로 올바른 사회인으로 자랄 수 있게 만들려면 무엇보다 먼저 아이의 친구를 가리지 말고 잘 받아 주어야 한다. 부모가 아이의 친구를 가리지 않고 잘 받아 주게 되면, 아이는 스스로 원만한 교우관계를 만들어 나가며 더불어 살아가는 지혜를 터득하게 된다. 따라서 아이가 행복하기를 바란다면 지나치게 교우관계까지 간섭하지 말고, 어떤 친구든 잘 받아주고, 아이 스스로 관계를 잘 유지할 수 있도록 배려해 줘야 한다.

옆집 아이와
비교하지 말자

우스갯소리 중에 이런 말이 있다.

"세상에서 가장 완벽한 남편은?"

"돈 많은 남편."

"돈 많고 자상한 남편."

"돈 많고 명 짧은 남편."

"땡! 땡! 땡!"

"그럼 뭔데?"

"바보야, 그건 옆 집 남편이야."

이와 비슷한 우스갯소리도 있다.

"세상에서 가장 완벽한 아이는 어떤 아이일까?"

"옆 집 아이."

".........?"

"옆 집 남편만큼만 해 주면 안 되겠어?"

"옆 집 아이를 좀 봐라. 그 아이만큼만 좀 해 줘라."

옆 집 남편과 아이가 아무리 뛰어나 보여도 실상 그 집안 속사정을 들여다보면 그들이라고 해서 큰 차이가 없다. 그들도 그들끼리 똑같은 문제로 옆 집 사람을 들먹이며 싸우는 집안에 불과할 따름이다. 물론 개중에 한둘은 그야말로 완벽한 삶을 살고 있을 수는 있다. 그들은 절대로 옆집 타령을 하지 않는다. 내가 이미 옆 집 타령을 하고 있다면, 이미 그만큼은 옆집 타령을 할 수밖에 없는 못난 삶을 살고 있다는 것이다.

사람은 누구나 남과 비교되기를 바라지 않는다. 그런데 우리는 너무나 쉽게 남과 내 아이를 비교하고 있다. 내 아이가 옆 집 아이가 비교가 됐다는 것은 이미 그만큼 내 아이의 못된 점만 보고 있다는 것을 우리는 알아야 한다. 그만큼 내 아이의 장점을 보지 못하고, 그만큼 내 아이의 기를 죽이고 있다는 것을 알아야 한다.

행복지수가 낮아지는 이유 중에 하나가 상대와 비교하는 마음이다. 상대와 비교할수록 그가 가진 것은 커보이고, 내 것은 작아 보이기 마련이다. 행복하고 싶다면 무엇보다 먼저 비교하는 마음부터 버리고, 나를 있는 그대로 바라보는 눈을 키워야 한다.

굽으면 굽은 대로
곧으면 곧은 대로

옛날에 어떤 선생님이 제자들 앞에서 이런 말을 하고 있었다.

"저 산의 나무를 봐라. 똑같은 산에서 똑같은 비를 맞고 자라는데도 각기 생김새가 다르다. 어떤 나무는 곧게 자라서 집을 짓는 기둥으로 쓰이고, 어떤 나무는 비뚤비뚤 자라서 땔감으로 쓰일 뿐이다. 그러니 너희들은 열심히 공부를 해서 모두 곧게 자라 나라의 기둥이 되도록 노력해야 한다. 무슨 말인지 알겠느냐?"

그런데 얼마 후에 그 선생님이 다른 곳으로 가고, 새로운 선생님이 그 곳에 왔다. 그 선생님은 제자들 앞에서 이렇게 말을 했다.

"저 산의 나무를 봐라. 똑같은 산에서 똑같은 비를 맞고 자랐는데도 각기 생김새가 다르다. 어떤 나무는 곧게 자라서 집은 짓는 기둥으로 쓰이고, 어떤 나무는 비뚤비뚤 자라서 땔감으로 쓰인다. 사람들이 세상을 사는 데는 집을 짓는 기둥으로 쓰이는 재목도 필요하지만, 땔감으로 쓰이는 불쏘시개도 필요한 법이다. 그러니 너희들은 열심히 공부를 해서 모두 자신의 능력과 처지에 맞게 소질을 개발해서 나라의 기둥이 되도록 노력해야 한다. 무슨 말인지 알겠느냐?"

뱁새가 황새를 따라 가려다가는 가랑이가 찢어질 수가 있다. 그러나 세상은 황새 혼자서 살 수가 없다. 뱁새와 황새가 서로 어울릴 때 세상은 조화를 이루며 살 수가 있는 것이다.

세상에는 옆집 아이만 완벽한 것이 아니다. 그 옆집의 옆집 아이는 내 아이가 될 수도 있다. 즉 내 옆집 부모의 입장에서는 내 아이가 완벽한 옆집 아이로 평가받을 수 있는 것이다.

아이와 친구는 비교의 대상이 아니라 존중의 대상이 되어야 한다. 아이와 친구의 차이점은 우열을 따질 것이 아니라 상호 존중해 주어야 할 대상이다. 그럴 때 아이는 스스로 자신의 위치와 처지를 찾아가면서 좀 더 완벽한 인격체로 설 수 있다.

그러기 위해서는 내 아이가 굽었으면 굽은 대로, 곧으면 곧은 대로 인정하고 받아 들여야 한다. 누구나 자신의 처지와 상황에 맞는 능력은 갖고 태어났다. 그것을 살려서 아이 스스로 세상의 주인공이 되도록 도와 주는 것이 부모의 몫이다.

더불어 사는
지혜를 물려 줘라

두 명의 공범이 있다. 검사는 이들이 중죄를 지었다는 심증은 있지만, 유죄를 인정할 만한 증거를 확보하지 못했다. 이때 검사는 두 공범자를 서로 차단시켜 놓고 조건을 제시한다. 두 사람이 모두 자백을 하지 않으면 검사는 증거불충분으로 부득이 2년형을 구형할 수밖에 없다. 두 사람이 모두 자백을 한다면 정상참작으로 5년형을 구형할 수 있다. 그러나 둘 중에 한 사람만 자백을 하게 된다면 자백한 사람에게는 정상참작으로 무죄를, 자백하지 않은 사람에게는 가중처벌로 10년형을 구형하겠다고 한다. 그러면 십중팔구 두 공범자는 서로 자백을 하지 않았을 때 받을 수 있는 2년형을 선택하기보다, 서로 자백을 해서 결과적으로 서로에게 불리한 5년형을 구형받게 된다.

- '죄수의 딜레마' 이론

'죄수의 딜레마' 이 우리에게 주는 교훈은 무엇일까?

곰곰이 생각해 봐야 할 문제다. 아이에게 어떻게 사는 것이 참된 삶을 꾸려 나가는 길인지 그 방향을 제시하기 위해서라도 이 문제에 대해서 깊이 있게 짚어 볼 필요가 있다.

사람은 누구나 자신이 손해 보는 것은 원하지 않는다. 공범자는 이런 인간의 본성 때문에 자신이 자백을 하면 무죄로 풀려나거나 혹은 5년형을 받는 것이 자신에게 가장 유리한 선택이라고 여기게 된다. 서로 자백을 하지 않으면 받을 수 있는 2년형에 대해서는 미처 생각을 하지 못하게 되는 것이다.

그 이유는 무엇일까?

왜 두 사람은 왜 상대방을 믿지 못한 것일까? 말할 것도 없이 그것은 서로가 상대방을 믿는 것이 자신뿐만 아니라 자신에게 이익이라는 것을 자각하지 못했기 때문이다.

그렇다면 두 사람은 왜 상대방을 믿는 것이 자신뿐만 아니라 서로에게 이익이라는 것을 자각하지 못했을까? 한 번도 그런 상황에 대해서 깊이 있게 생각하지 못했기 때문이다.

그렇다면 두 사람은 왜 그런 상황에 대해서 깊이 있게 생각하지 못했을까? 자신의 이익을 추구하기 위해서 공범을 모색하면서도 그것이 서로를 공동 운명체로 결속시키게 되었다는 것을 자각하지 못했기 때문이다.

'죄수의 딜레마'가 사회적 동물일 수밖에 없는 우리들에게 많은 시사한다. 사람은 태어난 이상 사회 공동체에 속하게 되어 있다. 결과적으로 사회 공동체는 서로의 이익을 추구하는 지극히 이기적인 사람들이 모여 있다는 것을 인정해야 한다. 내가 내 이익을 추구하는 것만큼 다른 사람도 자신의 이익만을 추구하고 있다는 것을 알아야 하는 것이다.

서로 믿고 의지하면 2년형을 받을 수도 있는데, 상대방을 불신하고 내가 손해볼까 봐 노심초사하다 보니까 서로에게 손해인 5년형을 받는 것은 죄수만이 아니다. 우리가 사는 세상도 이와 크게 다르지 않다. 어차피 세상에서 나 혼자만의 이익을 추구할 수 있는 완벽한 방법은 없다. 어떻게든지 나 혼자만 챙기려는 욕심은 똑같은 사람은 만나게 해서 그만큼 자신의 인생에 손해를 끼치게 되어 있다.

그래서 교육이 필요한 것이다. 서로 조금씩 손해를 보더라도 욕심을 내려놓는 것이 현명한 방법이라는 것을 가르쳐야 한다. 내가 내 욕심만 챙기려고 들면 똑같이 자기 욕심만 챙기려는 사람을 만나게 되지만, 내가 욕심을 내려놓고 상대방을 배려주면 상대방도 나를 배려해주게 되어 있다는 깨닫게 해줘야 한다.

더불어 사는 지혜의 출발점은 바로 여기에 있다. 내 욕심만 챙기려 들면 계산적으로는 그것이 자신에게 이익일 수 있게 비쳐질 수 있지만, 현실적으로는 나와 똑같은 사람을 만나게 되어서 더 큰 손해를 입을 수 있다. 조금 양보하고 서로 배려하면 계산적으로는 혹시 그것이

나에게 손해를 주 수 경우도 있겠지만, 현실적으로는 그것이 공동체의 구성원으로서 얻을 수 있는 최선의 이익을 선택하게 되는 것이다.

더불어 사는 지혜는 서로 욕심을 내려놓는 것이다. 상대를 위해서 내가 좀 손해를 봐도 괜찮다고 생각하는 마음이다. 계산적으로는 손해인 것 같지만, 사회적 동물일 수밖에 없는 인간으로서, 서로 교육만 되어 있다면 현실적으로는 그것이 가장 합리적인 이익을 얻어내는 방법인 것이다. 이것이 바로 아이가 행복해지기를 원한다면 더불어 사는 지혜를 물려줘야 하는 이유인 것이다.

무심코 던진
한 마디가 상처를 준다

어느 강사의 이야기다.

어느 날 중학교 2학년 남학생의 아버지가 찾아 왔다. 아버지는 아이가 어느 순간부터 말이 적어지고, 의기소침하고, 자기만 보면 슬슬 피하는 것 같아서 여간 걱정스러운 것이 아니라고 했다. 그래서 아이의 심리검사를 통해서 뭔가 느끼는 것이 있어서 아이의 말문을 트게 해 보려고 애를 쓰는 과정에서 찾아 온 것이다.

아버지는 병원에서 아이의 심리 검사를 받아 보고 아이가 부모한테 뭔가 말로 표현하지 못하는 불만감이 쌓여 있다는 것을 알았다고 했다. 그래서 곰곰이 아이가 자신에게 불만감을 가질 이유가 무엇일까를 생각해 봤더니 아이의 어린 시절이 생각났다. 아이는 초등학교 5학년 때까지 제법 노래를 잘 불렀다. 그래서 은근히 남들 앞에 자랑도 하고 다녔다.

그러던 어느 날 동호회에서 가족 야유회를 갔을 때의 일이다. 아버지는 은근히 자식의 노래 솜씨를 자랑하고 싶어서 그 자리에서 노래를 불러보라고 시켰다. 그런데 무슨 이유인지 아이는 바로 노래를 부르지 않고 부끄러움을 타면서 뒤로 빼기만 했다.

"난 싫어. 난 노래 부르기 싫단 말이야!"

순간 아버지는 아이의 입장을 전혀 생각하지 않고 다른 사람들이 보지 않는 곳으로 데리고 가서 호통을 쳤다.

"이 놈의 자식, 아빠 말을 어떻게 듣는 거야. 빨리 노래하지 못해!"

그러나 아이는 울고불고 난리를 치면서 끝내 아버지의 말을 듣지 않았다. 아이가 울고불고 하는 바람에 갑자기 야유회 분위기가 깨지게 되었다. 그때 아버지는 너무 화가 나서 나중에 집에 돌아와서 엄청 혼을 냈다.

"이 아무짝에도 쓸모없는 자식 같으니라고, 그래 친구들 앞에서 아빠를 그렇게 망신시키니까 기분이 좋더냐? 앞으로 아빠 앞에서 다시 노래를 부르기만 해 봐라. 그때는 그냥 안 놔둘 테니까."

아버지는 집에 돌아와서도 잘못했다고 빌지 않는 아이에게 화를 내며 호통을 쳤다.

아이는 문제를 일으켜서 끝내 정신과 치료를 받아야 했다. 그때 아버지는 병원에서 아이의 심리 검사 결과를 보면서 어렸을 때 뭔가 부모한테 맺혀 있는 기억 때문에 아이의 성격이 변한 것 같다는 진단을 받고 이 기억이 제일 먼저 떠올랐다. 아이는 폐쇄적인 성격이 되었고, 심지어 학교에서 음악시간조차 노래를 부르지 못하는 말더듬이가 되어 있었다.

아버지는 아이를 그렇게 만든 것이 자기 잘못이라 여겨 이제라도 아이에게 용서를 구하고 싶다고 했다. 그래서 심리 검사를 해준 의사 선생님이 아이에게 노래를 시켜 보라고 해서 음악학원을 찾아온 것이라고 했다. 제발 아이가 노래를 통해서라도 뭔가 답답한 마음을 털어 놓을 수 있게 해 달라는 부탁과 함께.

다음 날 아이를 봤을 때 노래 강사는 보통 일이 아니라는 것을 느꼈다. 그래서 어떻게든지 아이하고 먼저 말문을 트기 위해 첫날은 아이를 데리고 극장에 가서 신나는 노래가 많이 나오는 영화를 보여 주었다. 그렇게 몇 번 아이와 공감대를 넓히면서 노래방까지 데려갈 수 있었다. 먼저 자신이 신나는 노래를 부르기 시작했다. 아이는 어느 순간 아이는 자신도 노래책을 펼치고 자신이 좋아하는 노래의 번호를 눌러 마이크를 잡기 시작했다.

그렇게 한 1개월이 흐르자 아이의 아버지가 환한 얼굴로 찾아 왔다. 아버지는 아이에게 일어난 변화를 느끼기 시작했다.

심리학에서는 어린 시절의 잠재된 기억의 중요성을 강조한다. 잠재의식은 무의식으로 작용해서 아이의 평생을 좌우하게 된다는 것이다. 그나마 자라면서 이러한 잠재의식의 뿌리를 찾아 그 원인을 치유하게 되면 새로운 인생을 찾을 수 있지만, 그렇지 못한 경우에는 평생을 힘들게 살게 된다고 한다.

　따라서 어린 시절에 아이에게는 말 한 마디라도 조심해야 한다. 더구나 그 말이 아이의 존재감에 부정적인 영향을 미치게 하는 발언이라면 더욱 조심해야 한다.

머리는 좋은데
노력이 부족하다고?

"우리 아이 수업 태도는 어떤가요?"

"머리가 좋아서 이해력은 있는데 노력이 좀 부족하네요."

"그렇죠? 우리 아이가 노력이 좀 부족하죠?"

"예, 어머니. 저도 아이를 볼 때마다 머리는 좋으니까 좀 더 노력을 해야 한다고 가르치고 있어요. 어머니께서도 아이에게 좀 더 노력해야 한다고 자극을 주셨으면 좋겠네요."

부모의 심리란 참 묘한 것이다. 학원 선생님들과 자녀 교육 상담을 할 때 이런 소리를 들으면 부모가 상당히 호응도가 높다. 자기 아이의 성적이 아무리 안 올라도 이런 말을 들으면 다시 한번 믿고 맡기게 된다.

"우리 아이가 수업 태도는 어떤가요?"

"아예, 아이가 이해력이 부족한 것을 보면 머리가 좀 나쁜 것 같네요."

"정말 그렇게 심각한가요?"

"그뿐만 아니라 아이가 공부에 관심도 없어서 걱정입니다. 집중력도 없고 워낙 주의가 산만하네요."

만약에 학원 선생님이 이런 식으로 학부모와 상담을 한다면 그는 아마추어이거나 학원생 하나를 줄이려고 작심한 경우다. 부모들은 자기 자식에 대해서 이런 식의 소리를 듣게 되면 대개 다음날로 당장 학원을 끊거나, 다른 학원으로 아이를 옮기고 만다.

똑같은 아이라도 상담을 어떻게 하느냐에 따라 부모의 선택이 달라지는 이유는 무엇인가?

그 속에는 부모의 이기적인 마음이 자리를 잡고 있다. 부모는 자식이 노력을 하지 않는다는 소리를 듣고 싶어 한다. 자식의 소질이나 능력이 없다는 소리를 듣는 것은 자신에 대한 모욕으로 듣기 때문이다.

아이가 머리는 좋은데 노력을 하지 않는다는 말은 은근히 부모를 치켜세우고 자식을 깎아 내리는 표현이다. 머리가 좋다는 것은 선천적으로 부모에게 물려받은 것이고, 노력이 부족하다는 것은 어떻게든지 아이를 볶아 대면 얼마든지 잠재된 능력을 개발할 수 있다는 뜻으로 해석할 수 있다.

반대로 아이가 이해력이 부족하고 머리가 나쁘다는 것은 선천적으로 그런 능력을 물려준 부모에게 문제가 있다는 말이다. 아이가 노력하지 않고 관심도 없고, 집중력도 없는 것은 선천적으로 물려받은 부모님의 영향이라는 표현이다.

그러니까 후자의 표현은 결국 부모를 욕하는 소리로 듣게 되는 것이다. 그것을 인정하기 싫으니까 학원이 능력이 없어서 그런 것이라는 핑계거리를 만들기 위해서라도 당장 학원을 끊거나 다른 학원으로 옮기게 되는 것이다.

학원 선생님들은 부모님들의 이런 심리를 잘 꿰뚫고 있다. 따라서 아이에게 문제가 있는 아이의 책임이지 부모의 책임이 아니라는 식으로 이야기를 돌려서 말하는 것이다. 부모에게 듣기 좋은 소리로 아이가 머리는 좋은데 노력을 하지 않는다는 상투적인 표현을 자주 쓰는 것이다.

귀에 듣기 좋은 소리는 독이 될 수 있지만, 귀에 거슬리는 소리는 약이 될 수 있다. 아이는 나름대로 열심히 공부하려고 기를 쓰는데, 부모로부터 물려받은 머리가 그리 좋지 않거나 주변 환경이 좋지 않아 공부에 관심을 가질 수 없는 경우일 수도 있다.

이런 사정을 살펴보지 않고 무조건 아이를 닦달할 때 즐겨 쓰는 말이 있다.

"선생님들은 네가 머리는 좋은데 노력을 하지 않아서 성적이 좋지 않은 거래. 그러니까 제발 노력 좀 해 봐라."

이 말은 직설적으로 "나는 너를 머리 좋게 낳아 주었으니까 제발 노력을 해서 성적 좀 올려라."라는 표현이 될 수 있다.

　이런 말을 아이에게 할 수 있을 정도라면 솔직히 부모가 먼저 자신을 돌아봐야 한다. 나는 과연 학창시절에 공부를 잘 했던가? 십중팔구 이런 말을 자주 하는 사람 치고 자신이 학창시절에 정말로 공부를 잘 했다고 자신할 수 있는 부모는 그리 많지 않다.

　진정으로 학창시절에 공부를 잘 했던 부모는 아이가 공부를 잘 할 분위기를 만들어 주지, 이런 식으로 말로 닦달을 해대지 않는다. 그들은 실제로 공부를 잘 하는 방법을 알기에 아이에게 공부 잘 하는 분위기를 먼저 만들어 줄 줄 안다.

　"네가 노력만 해 봐라!"

　이런 표현에는 자식의 선천적인 능력이나 후천적인 환경을 전혀 고려하지 않고 모든 것을 아이의 잘못으로 돌려 버리는 표현이라는 것을 알아야 한다. 아이는 "네가 노력만 해 봐라!"라는 말을 들을 때 이미 이와 같이 그 속에 담겨 있는 뜻을 듣게 되는 것이다.

　그러니까 결국 이런 말을 들을수록 열심히 하려고 해도 안 되게 만들어준 부모에게 더욱 반발하고, 반항하고, 부모가 원하는 정반대의 행동을 하게 되는 것이다.

　"네가 노력만 해 봐라!"

　이렇게 자극을 주는 말은 어떤 식으로든 역효과를 불러 올 수 있다는 것을 항상 명심해야 한다.

말로 기를 꺾지 말라

초등학교 5학년 때까지 글을 잘 읽지 못하는 아이가 있었다. 얌전하고 워낙 착한 아이라 이 아이가 글을 제대로 읽지 못한다는 것을 눈치 채기에는 많은 시간이 걸렸다.

어느 날 우연찮게 책 읽기를 시켰는데 이 아이는 책을 읽기도 전에 눈물을 뚝뚝 흘리고 있었다.

"왜 그래?"

이 아이는 아무 대꾸도 없이 그저 눈물만 흘렸다. 그래서 휴지를 주고 눈물을 닦아 주고는 더 이상 이 아이한테 책읽기를 시킬 수 없어서 다른 아이에게 책 읽기를 시키면서 시간을 채웠다. 수업이 끝나고 이 아이만 홀로 불렀다.

"아까 왜 울었던 거야?"

아이는 다시 눈물을 흘리며 기어 들어가는 소리로 말했다.

"우리 엄마가 저는 글을 못 읽는다고 그랬단 말이에요."

아이의 밑도 끝도 없는 말을 듣고 잠시 이 말이 무슨 뜻인가 생각해야 했다. 아이가 진정되기를 기다렸다가 다시 이야기를 들으며 알아낸 사연은 이랬다.

아이는 어려서부터 이사를 자주 다녔다. 유치원도 다닌 적이 없어서 글을 별도로 배울 기회가 없었다. 그런데 이사하고 학교에 전학할 때마다 아이의 어머니는 아이가 듣는 자리에서 "우리 아이가 아직 기본기가 부족하니까 좀 봐주세요."라고 했다는 것이다. 그 때문인지 선생님은 수업 시간에 아이에게 한 번도 글 읽기를 시키지 않았다. 그뿐만 아니라 다른 아이들은 일기 쓰기 숙제를 안 해오면 혼을 내면서도 자신이 숙제를 안 해온 것은 봐주기 일쑤였다고 한다.

1학년 2학기 때와 3학년 새 학기 때, 그리고 5학년 새 학기 때 거의 2년에 한 번꼴로 전학할 때마다 이런 일이 반복되었다는 것이다. 그러다 보니까 아이는 아예 자신은 글을 읽지 못해도 괜찮은 아이로 인식이 되었던 것이다.

그런데 그런 사정을 알지 못하고 아이들 앞에서 글 읽기를 시켰으니 아이는 너무 당황했던 것이다. 자신도 모르게 눈물을 쏟게 된 것이다.

부모로서는 새로운 선생님한테 자식을 배려해 달라고 한 표현인데, 그 말을 들은 아이에게는 그만 자신은 책을 못 읽어도 된다는 상처를 심어준 것이다. 아이의 입장에서는 수업 시간에 선생님이 자기를 배려해서 읽기를 시키지 않은 것이 오히려 더 큰 상처로 남게 된 것이다. 그리고 그런 경험들이 쌓이다 보니까 아예 자신은 글을 읽지 못해도 되는 아이로 스스로에게 낙인을 찍은 것이다.

아이들도 어른들과 마찬가지로 자신의 평가에 대해 민감하다는 것을 알아야 한다. 남들 앞에서 자신의 평가를 지나치게 깎아 내리면 정말로 자신이 그렇게 되어야만 하는 줄 알고 실제로 그런 행동을 하게 된다.

아이가 듣는 앞에서 아이에 대한 평가는 최대한 하지 말아야 하는 이유가 여기에 있다. 아이가 그 말을 듣고 용기와 희망을 가질 수 있을 거라는 확신이 없는 다음에는 가급적 아이 앞에서 아이에 대한 평가는 삼가야 한다. 굳이 아이에 대한 특별한 배려를 부탁하고 싶다면 아이가 듣지 않는 곳에서 조심스럽게 해야 한다.

사람들의 충고를
귀담아 들어라

　부모는 자기 자식에 대해서 객관적일 수가 없다. 그래서 많은 부모가 자신의 자녀에 장단점을 잘못 알고 있는 경우가 많다. 남들이 보기에는 분명히 장점인데 부모만은 그것이 자녀의 단점으로 알고 그것을 고치려고 기를 쓰는 경우가 있다. 이와 반대로 남들이 보기는 분명히 단점인데 부모만은 그것이 자녀의 장점으로 알고 그것을 살려주려고 애를 쓰는 경우가 많다.

　부모는 조기 유학을 포함한 조기 교육의 문제점에 대해서는 거의 다 알고 있는 것처럼 말한다. 그러나 중요한 것은 남의 자식이 조기 유학이나 조기 교육의 열풍에 휩싸여 고생하는 모습을 보면 안쓰러워하고 문제점을 제기하면서도, 정작 자신의 자녀의 문제만큼은 거의 맹목적으로 변한다. 남들이 다 하기 때문에, 또는 어쩌면 조기교육의 효과가 있을지 몰라서, 혹은 그렇지 않으면 내 아이만 홀로 뒤처질 것 같아서 등등 그 이유는 헤아릴 수 없을 정도다.

평소에 꼼꼼하고 집중력이 강한 초등학교 6학년 아이가 있었다. 성격도 차분하고 교우 관계도 원만한 아이다. 그런데 이느 날 그의 부모가 아이에 대해서 심각하게 고민을 털어놓기 시작했다.

"우리 아이는 행동이 굼떠서 걱정이에요. 어떻게 아이의 성격을 바꿀 수가 없을까요?"

학생들은 자신의 장점과 단점에 대해서 쓰는 것을 상당히 어려워한다. 어른들도 자신의 단점에 대해서는 눈 감고 싶어 하는데, 그것을 아이들에게 쓰라고 하는 것은 정말로 큰 고문이다. 물론 공부를 하는 학생이라면 항상 자신의 행동을 성찰해봐야 하기 때문에 긍정적인 면도 있다.

사람이 자신의 단점 하나를 고치기란 결코 쉽지 않다. 처음에는 어떤 것이 자신의 단점인지 찾아내지 못해 고치기가 어렵기도 하지만, 끊임없는 노력과 주변 사람들의 조언을 얻어 자신의 단점을 알아냈다고 하더라고 그것을 고치기란 참으로 어려운 일이다.

단점을 고치는 방법은 먼저 자신의 단점에 대해서 확실하게 인식하는 것이다. 그 다음에 단점은 반드시 동전의 양면처럼 반드시 반대쪽에 장점이 있다는 것도 알아야 한다. 따라서 때로는 장점을 살리는 것이 단점을 고치는 방법일 수 있다.

행동이 굼뜬 것이 단점인 아이는 꼼꼼하거나 신중한 성격을 장점으로 갖고 있다. 이때 행동이 굼뜬 단점을 고치기 위해 억지로 행동을 빨리 움직이게 만들다 보면 오히려 성격이 나빠질 수가 있다. 이럴 때는 억지로 굼뜬 행동을 고치려고 할 것이 아니라 꼼꼼하고 신중한 장점을 살려 행동이 굼떠서 생기는 단점을 덮어 버리는 방법이 훨씬 좋은 방법이다.

아무리 동작이 굼뜨더라도 매사에 꼼꼼하게 준비하고 신중하게 행동한다면 오히려 그것 때문에 얻는 이익이 더 많을 수 있다. 이 장점을 살리면 행동이 굼 떠서 생기는 단점을 저절로 보완해 나갈 수 있는 것이다.

내 아이의 장점과 단점을 정확히 알기 위해서는 먼저 제3자인 주변 사람들이 자주 하는 자녀의 대한 평가에 귀를 기울여야 한다. 주변 사람들은 내가 보지 못하는 내 아이의 장점과 단점에 대해 확실하게 꿰뚫고 있기 때문이다.

주변 사람들이 충고를 귀담아 듣다 보면 아이가 행동이 굼떠서 세상을 살아가는데 손해만 보고 살지 않을까 걱정이 들지 모르지만, 반대로 꼼꼼하고 신중한 성격 때문에 결코 세상을 살아가면서 큰 손해는 보지 않을 거라는 확신도 가질 수 있다.

아이는 부모의 행동을
따라 배운다

　수업 시간에 유난히 주위를 분산시키는 중2 여학생이 있었다. 그래도 기초가 다져있고 성적도 괜찮게 나오는 학생이라 딴 짓을 해도 웬만하면 봐주곤 하던 아이였다. 기말고사 시험을 앞두고 마무리 정리를 하고 있는데 10여 명이 공부하는 교실 분위기가 어수선했다.

　"내 문제 다 풀었으면 아직 다 못 푼 친구를 위해서 좀 조용히 하자."

　주의를 주자 다른 아이들은 얼른 눈치를 보며 문제를 푸는 시늉을 했다. 그런데 이 여학생은 내가 눈치를 줘도 계속 옆 친구에게 장난을 쳤다.

　"너 지금 뭐하는 거니?"

　학생은 눈을 똥그랗게 뜨고 대들듯이 대꾸를 했다.

　"왜 저한테만 그래요?"

　더 이상 할 말을 잃고 그 아이를 바라보았다. 아이는 전혀 기죽지 않고 마치 눈싸움이라도 하듯이 빤히 쳐다보고 있었다. 다른 아이들도 떠들었는데 자기만 지적을 받아서 억울하다는 표정이었다. 못 이기는 척 눈을 돌리며 알았으니 지금부터라도 조용히 하자고 했다. 그런데 아이는 또 옆 친구에게 장난을 걸었다. 옆 친구가 내 눈치를 보며 흘깃흘깃했다.

"이게 무슨 버릇이야?"

"제가 뭘 잘못했는데요?"

아이는 다시 두 눈을 똥그랗게 뜨고 따지듯이 말했다. 순간적으로 마치 도발적으로 째려보고 대들며 따지는 태도에 인내심도 한계점을 찍는 기분이었다. 그때 마침 수업이 끝나서 심호흡을 하면서 화를 달랠 수 있었다. 잠시 후에 그 아이를 불러서 물어 보았다.

"무슨 불만 있는 거야?"

"왜요?"

아이는 역시 도발적으로 무뚝뚝하게 내 두 눈을 똑바로 바라보며 말했다.

"지금 너의 이런 태도가 괜찮다고 생각해?"

"저 원래 이런 아이인 걸 어떻게 해요?"

"자꾸 이런 식으로 말할래? 그나마 이렇게 둘이 있을 때는 받아 줄 수 있지만, 아까처럼 친구들 앞에서 그렇게 대들며 노려보면 혼낼 수밖에 없잖아. 너처럼 선생님한테 대드는 아이를 그냥 놔두면 친구들이 선생님을 어떻게 생각하겠니? 친구들이 너한테 잘했다고 할 것 같아? 너를 그냥 놔두면 다른 아이들도 그럴까 봐 내 입장에서는 너를 혼낼 수밖에 없겠지? 그래, 네 말대로 다른 것은 잘못이 없다고 치더라도 지금 당장 이렇게 두 눈 똥그랗게 뜨고 대드는 잘못은 어떻게 할 건데? 네가 선생님이라면 너처럼 수업 시간에 친구들 앞에서 대드는 아이한테 뭐라고 할 것 같아?"

"……….?"

아이는 끝까지 자신의 잘못을 인정하지 않았다. 아직 아이와 좀 더 친해질 필요가 있겠다 싶어서 그 순간은 그 정도로 끝을 내기로 했다.

다음 날, 다른 선생님한테 어제 이야기를 하며 아이의 신상에 대해서 물어 보았다. 그러자 그 선생님은 손사래를 치며 말했다.

"아이고, 말도 마세요. 그러지 않아도 얼마 전에 그 아이 때문에 한 바탕 난리를 쳤어요. 아이가 다른 선생님한테 대드는 바람에 혼을 내 주고 엄마한테 전화를 했더니 다음날 직접 찾아와서 한 바탕 학원을 뒤집어 놓다시피 했다니까요."

엄마가 하도 난리법석을 피우는 바람에 그러면 당장 아이를 데려가라고 단호하게 말했다고 했다. 더 이상 아이를 맡을 수 없으니까 내 일부터 학원에 보내지 않아도 된다고 했다는 것이다. 그때서야 엄마는 당장 그만 두면 아이가 공부할 곳이 없으니까 좀 봐달라고 했다는 것이다. 마치 아무 일도 없었다는 듯이 돌아갔고, 아이도 한동안 아무 일도 없었다는 듯이 잘 다니고 있었던 것이라고 했다.

"애는 정말 자신이 뭘 잘못했는지 모를 수 있어요. 엄마 하는 행동을 보니까 어쩌면 그게 별 문제 아니라고 생각하는 것인지도 몰라요. 그러니까 좀 더 지켜볼 수밖에 없어요. 선생님이 좀 더 혼을 내고 주의를 줬어도 된다고 봐요. 누군가 아이에게 그것이 잘못이라는 것을 깨닫게 해 줄 필요가 있다고 봐요."

그 순간 아이가 불쌍하다는 생각이 들었다. 아이에게 무슨 죄가 있으랴? 단지 부모를 잘못 만나서 잘못된 성격을 보고 잘못된 성격에 길들여진 아이의 인생이 그저 불쌍할 뿐인 것을.

숙제를 강요하는 것은
아이를 해치는 일이다

E여대 유아교육학과에 지원한 재수생의 이야기다. 한번은 학생에게 직접적으로 물어 보았다.

"E여대 가려는 거 네가 가고 싶은 거야, 아니면 엄마가 가라는 거야?"

아이는 웬 뜬금없는 소리냐는 듯이 빤히 바라보았다. 나는 시치미를 떼고 재차 물어 보았다.

"이 수업은 네가 듣고 싶어서 온 거야, 아니면 엄마가 억지로 보낸 거야?"

"당연히 제가 듣고 싶어서 온 거죠? 제 나이가 얼마인데?"

"그런데 왜 숙제를 안 해오는 거야?"

그때 아이는 가슴이 턱 막힌다는 듯이 눈물을 주르르 흘렸다. 그동안 집에 가서 글만 쓰려고 하면 가슴이 답답해서 미칠 지경이었다고 했다. 시험 날짜는 다가오는데 공부가 뜻대로 되지 않아 자신이 한심스럽다고까지 했다. 아이가 한 동안 눈물을 흘리도록 내버려 두었다.

"공부하기가 어렵지?"

눈물을 그치기를 기다렸다가 이렇게 말하자 아이는 다시 한번 눈물을 주르르 흘렸다. 그동안 혼자서 마음고생을 했을 아이를 생각하니 측은한 마음이 들었다. 그렇다고 여기에서 포기할 수는 없었다. 이제 한 달도 채 남지 않는 기간 중에 어떻게든지 자신감이라도 붙여 주어야 했다.

"공부가 어려운 거야? 숙제가 어려운 거야?"

"글쎄요, 여기서 선생님한테 이야기를 들을 때는 다 알 것 같은데 막상 집에 가서 숙제를 하려고 하면 가슴이 답답해지고 어떻게 해야 할지 모르겠어요."

"그래서 그때 어떻게 했는데?"

"너무 답답해서 어떻게 할 수가 없었어요."

"그러니까 답답하다고 더 이상 극복하려고 해보지도 않았다는 거지?"

"예."

"그러다 막상 시험 날짜가 다가오면 어떻게 하려고?"

"……."

무엇엔가 쫓기고 강박관념에 빠지면 가슴이 답답해 질 때가 많다. 그럴 때는 억지로 벗어나려 하기보다 잠시 다른 일을 해보거나 여유를 가져보는 것이 좋다. 그래도 답답할 때는 억지로라도 하고자 하는 숙제를 그대로 베껴 써보는 연습도 해볼 만하다. 그러다 보면 어느 순간 답답했던 가슴이 뻥 뚫리는 느낌을 받을 때기 있다.

부모는 아이에게 많은 것을 요구한다. 정작 그 요구 때문에 아이가 받는 스트레스를 이해하지 못하는 경우가 많다. 아이들은 웬만하면 부모의 요구를 들어 주려고 한다. 하지만 그 요구가 자신의 능력에 부쳤을 때 한계를 느끼며 좌절한다.

시험을 앞두고 과제물을 못해서 답답해하는 아이에게 과제물을 해오지 않았다고 닦달을 한다면 어떤 일이 벌어질까?

아이는 아예 자신감을 상실하고 포기해 버린다.

아이가 해줬으면 하는 것이 있다면 부모가 먼저 그 일을 직접 해보는 것도 좋은 일이다. 그렇게 해 보면 적어도 내 요구 때문에 아이가 힘들어 하는 마음을 헤아릴 수 있는 힘을 얻을 수 있을 뿐만 아니라 그 상황에서 아이의 기를 꺾지 않고 스스로 위기를 극복해 나가는 힘을 키워 줄 수 있다.

내 아이가 공부를 잘 하기를 바란다면 부모가 먼저 한 번쯤 공부를 해보고, 그 과정에서 겪는 고통을 헤아릴 줄 알아야 한다. 분명한 것은 아이도 공부를 잘 하고 싶어 하고, 과제물을 잘 해서 칭찬을 받고 싶어 한다는 것이다. 문제는 그것을 잘 하는 방법을 모르니까 답답해하고, 그렇게 안 좋은 경험들이 축적되다 보니 아예 포기하는 일이 벌어지는 것이다.

　요즘은 평생학습에 좋은 강좌들이 많다. 아이를 가르치는 강의가
아니라 먼저 나부터 변하는 공부를 선택해 보자. 가급적이면 과제가
많은 강좌일수록 좋다. 과제물의 부담 때문에 중도에 그만 두는 부모
라면 적어도 내 아이가 학교 숙제를 안 해 간다고 뭐라고 할 수 없다
는 것을 느낀다면 그것으로도 큰 공부를 한 것이다.

chart 4

부모의 꿈을 자식에게 떠넘기지 말라

부모가 자신이 못 이룬 꿈을 자식에게 수시로 말하면

　자녀는 그것을 통해 부모가 느껴야 했던

　똑같은 좌절감과 패배의식을 받아 들일 수 있다.

학원에 보낸다고
아이를 위하는 건 아니다

중학교 2학년인 학생이 어머니가 억지로 학원에 가라고 해서 왔다며 투덜거리고 있었다.

"넌 도대체 학원에 왜 왔니? 공부도 하지 않을 거면서."

"학원에 안 오면 엄마한테 혼나잖아요."

"그러면 공부를 해야 하잖아?"

"공부는 왜 해야 하는데요?"

"그걸 정말 몰라서 묻는 거야?"

"예, 정말 저는 왜 공부를 해야 하는지 모르겠어요."

"그러면 엄마는 왜 너를 학원에 가라고 했는데?"

"공부를 잘 해야 나중에 잘 산다고 하잖아요. 자기도 공부 못했으면서…."

"그럼, 부모님은 잘 살아?"

"예, 아빠가 큰 목장을 해요. 거기 있는 소만 다 팔아도 몇 억 원은

될걸요."

"그럼, 이 다음에 너도 소를 키울 거야?"

"그건 싫어요."

"왜?"

"앞으로 수입개방이 되면 목장은 망할 게 뻔하잖아요. 그런데 왜 그 고생을 해요? 차라리 그거 좀 팔아서 좀 더 편하게 사는 게 훨씬 낫죠."

"그래서 엄마는 너만이라도 좀 더 편하게 살게 하려고 공부하라고 하는 게 아닐까?"

"그런데 왜 꼭 공부를 해야 돼요? 전 공부가 싫어요."

"왜?"

"공부 때문에 괜히 스트레스 엄청 많이 받잖아요."

학원에 오는 아이들 중에는 자신의 앞가림을 철저하게 하는 경우도 많다. 학교 수업으로 부족했던 꼭 필요한 부분을 챙겨가고, 학원 강사가 조금만 부족해 보여도 학원비가 아깝다며 지체 없이 다른 학원으로 옮겨가서 학원 강사를 쩔쩔 매게 하는 경우도 있다.

하지만 부모에 의해 학원으로 떠밀려 오는 아이들도 많다. 그들 중에는 정말 공부의 필요성을 전혀 느끼지 못하고 있다. 단지 부모가 학원에 가라니까 학원에 오고, 학원 선생님이 부모님께 전화하니까 마지못해 문제 풀이를 하는 경우도 많다.

마부가 말을 끌고 물가에 갈 수는 있어도 말한테 억지로 물을 먹이기는 힘들다. 마찬가지로 아이를 학원에 보내고, 부모님과 학원 선생님 사이에 전화 통화로 아이에게 문제풀이를 시킬 수는 있어도, 그것이 바로 아이에게 꼭 필요한 공부가 되는 것은 아니다.

공부는 스스로 하고 싶게 만들어야 한다.

아이를 학원으로만 내몰 것이 아니라 아이가 무엇을 원하는지 살펴 그것을 할 수 있도록 돕는 것이 부모의 몫이 아닌가 싶다.

진정한 장래희망은
무엇인가?

대학에 진학하려는 이유와 앞으로 진학해서 꼭 하고 싶은 일과 졸업 후 자신이 무엇을 어떻게 할 것인가에 대해 구체적으로 서술하시오.

장래 희망이 의사라는 고1 학생이다. 당연히 성적도 최상위권인 줄 알았다. 나중에 알고 봤더니 성적은 중상위권에 겨우 턱걸이를 하고 있었다. 아이는 첫 줄에 '나는 의사가 되기 위해 의과대학에 가고 싶다' 라고 써놓고 뒷부분은 미처 채워 오지를 못했다.

"장래희망 쓰기 참 힘들지?"

"예."

"어떤 부분이 가장 힘들어?"

아이는 갑자기 심각한 표정을 짓고 이렇게 되물었다.

"선생님, 제가 왜 의사가 되어야 하죠?"

"네 장래희망을 나한테 물으면 어떻게 해? 네가 더 잘 알 거잖아?"

"글쎄요, 저도 제가 왜 의사가 되어야 하는지 모르겠네요."

"그럼, 정말로 네가 꿈꾸는 장래희망은 뭔데?"

"글쎄요, 정말 저도 모르겠어요."

"그러면 왜 의사가 되고 싶다고 했어?"

"어려서부터 엄마가 하도 의사가 되어야 한다고 해서 그렇게 말하다 보니까 그냥 버릇이 됐네요."

"그럼, 정말로 네가 하고 싶은 일은 뭔데?"

"글쎄요, 지금까지 한 번도 깊이 생각해 본 적이 없어서…."

그 어떤 개그 프로그램에 그대로 올려놓아도 손색이 없을 것이다. 많은 아이들이 안고 있는 심각한 사회적인 문제다.

초등학생도 마찬가지다. 4학년짜리 아이다.

"이 다음에 뭐가 되고 싶어?"

"판검사요."

"판검사가 하는 일이 뭔지 알아?"

"돈 많이 버는 직업 아닌가요?"

"그런 소리는 어디서 들었어?"

"엄마가 그러던데요. 판검사가 되면 돈도 많이 벌고 유명해 진다고."

"그럼, 판검사가 되기 위해서 어떻게 해야 하는지 알아?"

"예, 열심히 노력해서 공부 잘 하면 돼요."

"누가 그래?"

"엄마가요."

"만약에 판검사가 못되면 어떻게 할 건데?"

"그건 저도 몰라요. 그땐 엄마한테 혼나겠죠, 뭐!"

한편으론 아이가 안쓰러워서 조심스럽게 물어보았다.

"그럼, 네가 제일 좋아하는 것은 뭐야?"

"전, 그림 그리는 게 좋아요. 그래서인지 솔직히 미술 선생님이 되고 싶기도 해요."

"그럼 미술 선생님이 된다고 하면 되잖아?"

"엄마한테 그 얘기 꺼냈다가 혼났어요. 미술 선생님은 돈도 많이 못 벌고 남자가 할 일도 아니라면서…."

어렸을 때의 꿈은 클수록 좋을 수 있다. 대통령을 꿈꾸는 아이라면 어려서부터 남 앞에 나서는 것을 두려워해서는 안 된다는 것을 잘 알고 그대로 실천하려고 할 것이다. 훌륭한 소설가를 꿈꾸는 아이라면 어려서부터 책 읽기를 좋아해야 한다는 것을 알고 그대로 실천을 하려고 할 것이다. 경찰이 되려는 아이는 어려서부터 운동을 잘 해야 한다는 것을 열심히 운동에 전념을 할 것이다.

그러면 대통령이 되지 못하더라도 남 앞에 나서는 것을 두려워하지 않는 심성을 갖출 수 있을 것이고, 훌륭한 소설가는 되지 못하더라도 꾸준한 독서 습관을 몸에 익혀 그쪽 계통에서 일하게 될 것이고, 경찰은 되지 못하더라도 건강한 몸은 유지할 수 있을 것이다.

하지만 대통령도, 소설가도, 경찰도 자신이 되고 싶은 것이 아니라 부모가 억지로 아이에게 심어준 장래희망이라면 그것은 사실 부담만 될 뿐이다. 아이는 어려서부터 부모의 강요에 의해 남 앞에 나서는 것을 배워야 하고, 하기 싫은 독서를 해야 하고, 움직이기 싫은 몸을 움직여 운동을 해야 하기 때문에 오히려 반감이 더 생길 수 있다.

아이가 원하는 장래희망이 무엇인지 물어 보아야 한다. 부모의 잣대로 아이에게 방향을 제시하는 것이 아니라 아이의 취향과 성격에 맞는 일을 찾아 아이가 스스로 선택할 수 있도록 방향을 제시할 수 있어야 한다.

그렇지 않으면 아이는 자신의 의지와는 관계없이 부모의 눈치를 살피며 그것이 정말로 자신이 이뤄야 할 꿈인 것으로 착각을 하고 그것에 부담을 갖게 된다. 그나마 자신의 재주와 능력이 뒷받침된다면 문제없지만, 그렇지 않을 경우에 그 아이에게는 장래 희망이 자신이 이뤄야 할 인생의 목표가 아니라 자신이 짊어져야 할 인생의 짐으로 느끼게 될 것이다. 그야말로 아이에게는 정말 짊어지어서는 안 될 멍에를 씌어주는 것과 같은 결과를 자초하는 것이다.

아이가 소신을 갖고 당당하게 살아가기를 원한다면 아이의 장래 희망이나 꿈을 강요로 통제해서는 안 된다. 먼저 아이가 원하는 것이 무엇인가를 살펴보아야 한다. 아이가 원하는 것이 무엇이고, 그것을 이루기 위해 어떤 노력을 하고 있는지, 또는 어떤 능력을 갖고 있는지 살펴보면서, 때로는 아이가 스스로 자신의 길을 찾지 못할 때 옆에서 보조자의 역할을 해주는 것이 부모의 주된 역할이다.

아이의 장래희망을
어떻게 찾아 줄 것인가?

만약에 본인이 우리 학교에 합격을 해서 등록을 하고 학교를 다니는데, 얼마 후에 자신이 택한 전공이 적성에 맞지 않아 힘이 들 때는 어떻게 할 것인지 솔직하게 자신의 의견을 밝혀 보시오.

면접에 자주 출제되는 문제다. 아이가 이 문제를 보여 주면서 어떻게 대답해야 하느냐고 묻는다면 뭐라고 조언을 해 줘야 할까?

"적성에 맞는 학과를 찾아야죠."

"그런 다음에는?"

"……?"

많은 학생들이 이런 식으로 대답을 하고, 이런 반론에 답답해 한다. 면접에서는 어떤 대답이 맞고, 어떤 대답은 틀리다는 모범 답안은 없다. 하지만 이런 경우에는 뭔가 좀더 심각하게 고민을 해봐야 한다.

대기업 입사 면접에도 이와 비슷한 문제가 있다. 대기업에서 영업 사원을 뽑는 면접장에서 있었던 일이라고 한다. 면접관은 입사지원 생들의 서류를 뒤적이다가 한 입사생이 회계사 자격증이 있는 것을 확인하고 이렇게 질문을 던졌다.

"본인은 회계사 자격증도 있고 이쪽의 능력도 뛰어난 것 같은데 입사했을 때 회계부서로 발령이 난다면 어떻게 하겠습니까?"

입사생은 안면에 희색을 띠우며 대답했다.

"사실 제 전공이 그쪽 부분이라 더 좋습니다. 일만 맡겨주신다면 실력을 발휘해서 최선을 다하겠습니다."

입사생은 합격했을까? 아니면 다시 취업 준비생의 신분으로 돌아 갔을까? 결론은 당연히 탈락이었다.

이 사람은 당분간 취업 준비생의 신분을 벗어날 수 없었다.

왜 이런 일이 생긴 걸까?

입사생은 한 순간의 짧은 대답 하나로 자신에게는 인생의 큰 목표 가 있지 않다는 것을 들통 냈다. 인생의 큰 목표가 있는 사람이라면 그 순간 자신이 지원한 부서가 영업부서라는 것을 잊지 않고 그에 맞 는 발언을 해야 했다.

면접관이 다른 부서에서의 생활은 어떻겠냐고 물은 것은 그쪽 직 원을 뽑기 위한 것이 아니라, 이 사람이 영업부에 지원할 때 그에 맞 는 비전을 갖고 소신지원을 했는지를 평가하기 위한 것이었다. 그것도 모르고 회계부서로 보내 준다면 그곳이 적성에 맞아서 더 열심히 하겠다는 대답을 해버렸으니, 결과적으로 자신은 영업부 일을 하다가 힘이 들면 언제라도 그만 둘 수 있다고 자백을 한 꼴이 되어 버린 것이다.

만약에 이 사람이 영업부에 비전을 갖고 소신으로 지원을 한 사람이라면 위와 같은 질문에 어떻게 대답을 하게 되었을까?

"제가 영업부에 지원을 한 것은 영업을 하기 위한 것입니다. 사람 만나는 것을 좋아하고 활동적이어서 제 적성에 맞는 것 같아서 지원했습니다. 물론 영업부 일이 힘들다는 것은 잘 알지만, 힘든 만큼 가치 있다는 것을 알기에 다른 부서는 생각하기 싫습니다."

이런 식으로 영업부의 지원한 것이 자기 인생의 장기 비전을 갖고 소신지원을 한 것이라는 신념을 보여 주었어야 했다.

입시 면접도 이와 크게 다를 바가 없다.

국문과 면접관이 국문과를 지원한 학생에게 "나중에 적성이 안 맞으면 어떻게 하겠느냐?"고 물은 의도가 무엇이겠는가? 수많은 지원생들이 뒤에 줄줄이 서 있는데, "나중에 적성에 안 맞으면 전공을 바꾸겠다."라고 한 학생에게 합격 통지서를 안겨줄 면접관이 어디에 있겠는가?

161

이런 문제에 대해서 말로만 모범 답안을 제시할 수 없다. 말보다 태도에 더 큰 비중이 있기 때문이다. 말이라는 것은 어떻게든지 외어 갈 수 있을지 모르지만, 그 말을 어떻게 하느냐는 것은 그 말을 하는 사람의 소신과 태도에 달려 있다.

면접관들이 제일 듣기 싫어하는 말이 판에 박힌 대답이라고 밝히고 있다. 즉 아무리 그럴듯한 말이라도 그 말을 옮기는 사람의 소신이 묻어나지 않는 말은 공허하게 들릴 뿐이다. 결국 앵무새처럼 모범 답안지를 읊조리는 것은 결코 좋은 평가를 받을 수가 없다는 것이다.

시대의 변화를
받아 들이자

"새벽종이 울렸네. 새 아침이 밝았네. 너도 나도 일어나 새마을을 가꾸세…."

우리 시대는 어린 시절 아침마다 마을 스피커에서 들려오는 소리에 잠을 깼던 기억들을 갖고 있다. 오늘날 경제성장을 이루는데 동력이 되었던 새마을운동은 가난에서 벗어나기 위해 누구보다 열심히 땀 흘려 일하는 것을 미덕으로 강조했다. 그 당시에는 그렇게 열심히 일을 한 사람이 성공을 하는 경우가 많았다. 물론 지금도 부지런한 사람이 성공할 확률이 높은 것은 사실이다.

하지만 21세기로 들어서면서 많은 변화가 일었다. 산업화 시대에서 정보화 시대로, 글로벌 시대로 가면서 부지런함만이 전부는 아니라는 인식이 널리 퍼지고 있다.

"베짱이처럼 노래나 부르면 나중에 굶어 죽을 수 있으니, 개미처럼 부지런히 일을 해야 한다."

이런 말을 하면 요즘 아이들은 반론을 제기한다.

"베짱이처럼 자기 소질을 살려 노래를 부르면 스타가 되고 돈도 많이 벌 수 있지만, 개미처럼 죽어라고 일만 하다 보면 가난뱅이로 평생을 살게 되거나 시대에 뒤처져서 쪽박을 차게 될 수도 있어요."

이런 말은 아이들 스스로 배워서 하는 말일 수도 있고, 시대에 뒤처지면 안 된다는 위기의식을 느낀 기성세대들의 학습에 의해 길들여진 말일 수도 있다. 어쨌든 세상은 분명히 변하고 있다.

인터넷에 많이 떠도는 말 중에 이런 말이 있다.

"무능한 사람이 게으르면 월급이나 축내지만, 무능한 사람이 부지런하면 주변 사람을 피곤하게 하고 문제를 일으킨다. 그런데 부지런하고 무능하고 소신까지 확실한 사람이 어느 분야에 책임자가 되게 되면 그 조직은 망하게 된다."

자녀 교육을 신경 써야 할 부모가 염두에 두어야 부분이다.

"내 아이를 부지런하기만 한 순종형 인간으로 만들 것인가, 아니면 내 아이가 시대가 필요로 하는 능력을 스스로 찾아 나가는 자립형 인간으로 만들어 줄 것인가?"

시대가 바뀌었다는 것을 분명히 자각해야 한다. 예전에는 뭔가 중요한 자료 하나를 구하려면 도서관을 다녀야 했지만, 요즘은 컴퓨터 자판기 하나면 쉽게 구할 수 있다. 예전에는 중요한 정보를 얻으려면 그 정보가 있는 곳으로 가야 했지만, 요즘은 웬만한 정보는 컴퓨터 검색으로 해결이 된다. 예전에는 물건 하나를 팔려면 일일이 소비자를 찾아 나서야 했지만, 요즘은 자판기 앞에 앉아서 인터넷 쇼핑몰을 활용해 물건을 대량으로 판매할 수 있다.

문제는 누가 선점을 하느냐에 달려 있다. 이렇게 말하면 물론 남들보다 부지런한 사람이 선점을 할 수 있지 않겠냐고 할 수 있지만 그것만이 전부는 아니다. 서울에게 부산을 가야하는데 시대 감각에 맞지 않게 자동차를 타고 부지런히 달려가는 사람보다는, 출발은 좀 늦더라도 시대 감각을 잘 읽은 사람이 KTX를 타고 가는 것이 훨씬 빠르게 갈 수 있다.

시대 감각은 부모의 강요나 닦달에 가까운 공부 방법으로 심어 줄 수 있는 것이 아니다. 아이 스스로 필요성을 느끼고, 아이가 스스로 생존 방법을 찾는 과정에서 자연스럽게 생길 수 있는 생존 감각인 것이다.

부모의 잣대로
아이의 미래를 제시하지 말자

"아빠는 어렸을 때 가난해서 공부를 하고 싶어도 못 했어. 그래서 너한테는 아빠 같은 아픔을 겪지 않게 하려고 열심히 돈을 벌었으니까 너는 공부를 열심히 해서 아빠가 못 이룬 꿈을 이뤄줬으면 한다."

"엄마는 대학교에 가고 싶었어도 집안 사정 때문에 갈 수가 없었어. 선생님이 되고 싶었는데 어려서부터 돈을 벌어야 했기 때문에 꿈을 이룰 수 없었지. 그러니까 너는 열심히 공부를 해서 엄마 꿈을 대신 이뤄줬으면 해."

자녀와 대화를 하는 것이 교육에 큰 보탬이 된다는 것을 알고 이런 식으로 대화를 시도하는 분들이 의외로 많다. 그러나 우리는 이런 식에 대화에 대해서도 문제점을 분명히 짚어 볼 필요가 있다.

대화가 잘못됐다는 것이 아니라 자칫 이런 대화가 아이에게 더 큰 부담을 줄 수 있다는 것을 강조하기 위함이다.

K대 국어국문학과를 지원하겠다는 고3학생이 있었다. 실력이 좀 부치는 것 같아서 한번 조심스럽게 물어 보았다.

"너는 K대 들어가는 것이 우선이야, 졸업 후에 국어 선생님이 되는 것이 우선이야?"

"왜요?"

"졸업 후에 국어 선생님이 되는 것이 우선이라면 꼭 K대가 아니어도 괜찮잖아? 지방에 있는 국립사범대학은 등록금도 더 싸니까 부모님이 좋아 할 수도 있잖아?"

"에이, 그건 말도 안 돼요. 만약에 제가 지방대학교에 가면 아빠는 절대로 안 보내 줄 거래요?"

"왜?"

"아빠는 지방 대학교의 국어국문학과를 나왔는데, 막상 졸업을 하고 보니까 취직할 곳이 없다고 했어요. 지금도 회사에서 대학교 전공과 아무 관련이 없는 일을 하고 있다는 거예요. 저도 그런 꼴을 당하지 않으려면 지방대학은 안 된다는 거예요."

"아빠가 무서워?"

"그럼요, 아빠가 얼마나 무서운데요. 아빠 마음에 들지 않으면 절대로 아무것도 해주지 않아요. 저는 나중에 절대로 아빠 같은 사람이 되지 않을 거예요."

"왜?"

"아빠는 집안 사정 때문에 등록금이 싼 지방 국립대학교를 간 거래요. 그런데 나중에 졸업을 해서 사회 활동을 하다 보니까 출신학교 때문에 차별을 많이 받았다고 해요. 아빠는 지금도 술에 취하기만 하면 매번 그런 말을 해서 귀찮게 해요. 그러면서 나한테 지방 대학에 가면 절대로 안 보내 준다는 거예요."

아이는 아빠 이야기를 하면서 괜히 흥분을 해서 목에 핏대까지 보이고 있었다.

"사실 지방 대학교 나왔다고 다 아빠처럼 차별을 받는 것은 아니잖아요. 그들 중에서 능력이 있으면 얼마든지 잘 살 수 있는 거잖아요. 그런데 아빠는 자기가 능력이 없는 것은 생각도 하지 않고 모든 것을 돈이 없어서 지방대학교에 나온 탓이라고 여기는 것 같아요. 난 정말 그런 아빠가 싫어요."

아이는 솔직히 K대에 붙을 자신이 없다고 했다. 하지만 지금으로서는 아빠 때문이라도 어쩔 수 없이 원서를 써보는 거라고 했다.

아이는 수시에서 떨어졌다. 어느 순간 아이의 입에서 뜻밖에 말이 나오기 시작했다.

"선생님, 전 사실 노래를 하고 싶어요. 가수가 되려면 어떻게 해야 하죠?"

"그건 네가 더 잘 알지 않나? 정말 어떻게 하면 가수가 되는지 몰라?"

"아뇨. 어, 저는 그냥 그러니까… 어…."

아이는 중요한 시점에 가치관의 혼돈을 일으키고 있었다. 자신이 왜 대학교를 가야하는지 모르겠다고 했다. 가수가 되려고 하는데 굳이 대학은 왜 가야 하느냐며, 가수가 되기 위해 대학을 포기하고 하고 싶은 일을 하는 것이 더 낫지 않겠냐고 물어왔다.

"저는 아빠처럼 살기 싫어요. 저는 실력이 부족해서 수도권 대학은 떨어질지 몰라요. 결국 지방대학교를 가거나, 아니면 재수를 해야 하는데 자신이 없어요. 지방대학교를 나와 봤자 아빠처럼 살게 될 것이고, 재수를 한다고 해서 수도권 대학에 붙는다는 보장도 없잖아요. 저 대학 때려치우고 노래 연습이나 할까요?"

참으로 안타까운 순간이었다. 이럴 때는 정말 뭐라고 해야 할지 몰라 스스로의 한계를 많이 느끼기도 한다. 그렇다고 해서 중요한 시기를 맞은 아이한테 하고 싶은 대로 하라고 할 수가 없었다. 그래서 조심스럽게 말을 걸어 봤다.

"그동안 국어 선생님이 꿈이라고 했잖아?"

"그건 제 꿈이 아니에요."

"그럼, 누구 꿈인데?"

"아빠가 어차피 인문학과 들어가려면 학교 선생님이라도 하라고 했기 때문에 국어 선생님이 되고 싶다고 한 거란 말이에요. 전 사실 가수가 되고 싶단 말이에요."

"아빠도 이런 사실 알아?"

"아뇨."

"왜 아빠한테는 말하지 않았는데?"

"선생님도 참, 그러다가 맞아 죽으면 어떻게 해요?"

아이는 아빠를 굉장히 무서워 했다. 아빠가 무서워서 자기 마음에 있는 말을 한번도 솔직하게 털어 놓은 적이 없었다. 그러다 보니 아빠에 대한 불만감이 쌓이게 되었는데, 급기야 아빠가 술에 취하기만 하면 자신이 이루지 못한 꿈 이야기를 하며 괴롭혔으니, 그 불만은 점차로 세상에 대한 원망과 자신의 미래에 대한 불안감으로 쌓여간 것이다.

"선생님, 저 어차피 수도권 대학은 실력이 안 되잖아요. 그러니까 차라리 이쯤에서 때려치우고 가수 준비나 할까요?"

"네가 보기에 가수로 성공할 수 있을 것 같아?"

"당연하죠."

"지금까지 노래 대회에 나가서 상 타 본 적 있어?"

"아뇨."

"지금까지 음악 활동해 본 적 있어?"

"아뇨."

"너, 기타 잘 쳐?"

"아뇨. 지금까지 배운 적이 없어요."

이쯤 되면 상당히 긴장이 된다. 아무리 생각해 봐도 이 아이가 가수로 성공할 가능성은 없어 보인다. 끼가 있는 것도 아니고, 기본기가 있는 것도 아니고, 아이가 가수가 아니면 안 된다는 식으로 모든 것을 걸고 있는 것도 아니기 때문이다.

지금 이 아이는 진심으로 가수가 되고 싶다기보다는 어쩌면 입시에 대한 중압감으로부터 도피하기 위해 가수가 되고 싶다는 자기 생각에 속고 있는 것이다.

"지금 네 이야기를 들어 보면 가수에 되기 위해 준비한 것이 하나도 없잖아?"

"예."

"그런데 그 상태로 가수가 된다면 성공할 수 있을까?"

"지금부터 열심히 노력하면 되지 않을까요?"

"어떻게 노력할 건데?"

"……?"

아이는 막막해 하기 시작했다. 사실 이 아이가 막막해 하는 것은 가수가 되는 방법을 몰라서가 아니라 지금 자신이 처한 환경에서 무엇을 선택해야 할지 몰라 막막해 하는 것이었다. 아버지 뜻대로 수도권 대학교에 인기학과를 가자니 실력이 안 될 것 같고, 지방대학교는 아버지가 완강히 반대하고 있으니까 자포자기 상태가 된 것이다.

"지금 너의 형편이라면 우선적으로 수도권 대학교에 붙어 놓고 보는 것이 유리해. 그냥 놀면서 가수 준비하려면 아빠 눈치 살펴야 하지만, 일단 대학교에 붙어놓고 보면 동아리 활동이나 교외 활동을 통해 가수가 되기 위한 연습을 체계적으로 할 수 있는 시간을 벌 수 있잖아."

"그래도 수도권에 있는 대학교에는 붙을 자신이 없는데 어떻게 해요?"

"그러니까 꼭 K대 국어국문학과만 고집할 필요가 없는 거잖아?"

"그건 그렇기도 해요."

"그러니까 K대보다 경쟁률도 좀 낮고, 커트라인도 좀 낮은 곳을 찾아 보면 어떨까? 요즘 국어국문학과는 비인기학과라 의외로 네 성적에 맞는 곳이 많을 수도 있어."

아이는 고민 끝에 2학기 수시에 K대만이 아니라 수도권에 있는 여러 대학교에 원서를 쓰기 시작했다. 자칫 학교 순위를 공개하는 결과를 자초할까 봐 학교명을 구체적으로 공개할 수는 없지만, 이 학생은 내신 성적만으로 수도권 대학에 합격을 했다.

나중에 학생은 자기 스스로 사실 가수가 되겠다는 꿈이 절실했던 것이 아니라고 했다. 그 당시에는 너무 힘들어서 뭔가라도 해야 할 것 같았는데, 그때 가장 하고 싶었던 것이 가수였다는 것이다. 그런데 나중에 생각해 보니까 자기는 정말 가수가 될 자신이 없었고, 또 가수가 된다고 하더라도 그 삶이 너무 힘들어서 견뎌 낼 수가 없을 것 같다고 했다.

자식에게
못다 이룬 꿈을 한탄하지 말라

부모 중에는 자식에게 자신이 못다 이룬 꿈을 말하는 경우가 많다. 자신이 그 꿈을 못 이룬 것은 의지가 없어서가 아니라 주변 환경이 갖춰지지 않았기 때문이라고 핑계를 댄다.

"집안이 가난해서 당장 먹고 살기가 힘들어서…."

"부모의 반대가 심해서…."

하지만 제3자의 입장에서 본다면 본인의 의지가 부족한 것으로도 볼 수 있다. 즉 자신이 못 이룬 것은 주변환경에 일차적인 문제가 있다기보다 자신의 의지와 목표가 확실하지 못한 쪽에 있다는 것도 인식해야 한다.

실제로 우리 주변에는 똑같은 열악한 가정환경에서도 굳은 의지 하나로 꿈을 이룬 사람들이 많이 있다. 그들은 결코 자신의 환경을 탓하지 않는다. 결과적으로 성공했다는 이유로 자신의 환경을 탓하지 않는 것이 아니라 그들은 처음부터 자신의 환경을 탓하지 않았기 때문에 성공에 대열에 들어설 수 있었던 것이다.

부모의 입장에서 자신은 주변 환경 때문에 꿈을 이루지 못했다면서 자식에게 너만은 어떻게든지 환경 탓하지 않게 도와 줄 테니 열심히 공부해서 꼭 꿈을 이뤄 달라고 하는 말은 그 자체가 모순된 말이다.

부모가 자신이 못 이룬 꿈을 자식에게 수시로 말하면 자녀는 그것을 통해 부모가 느껴야 했던 것과 똑같은 좌절감과 패배의식을 받아들일 수 있다. 부모가 아무리 좋은 뜻으로 이야기했다 하더라도 그 속에는 이미 부모의 패배의식과 좌절감이 담겨 있기 때문이다.

지방대학에 나왔다고 모든 사람이 차별을 받고, 모든 사람이 자신의 꿈을 이루는데 좌절감을 느껴야 하는 것은 아니다. 똑같은 지방대학을 나왔어도 자신이 하는 일에 자부심과 긍지를 갖고 그 분야에 최고가 된다면 얼마든지 학력 차별에 한계를 극복할 수가 있다. 물론 수도권 대학을 나온 사람들보다 확률이 낮다고 하더라도 무조건 수도권 대학에만 가야 한다고 강요를 할 필요는 없다는 것을 알 수 있다.

아이의 실력이 부족하다면 우선 지방대학교에라도 진학을 해서 스스로 자신의 미래를 설계할 수 있도록 해야 한다. 아이의 실력이나 고민은 안중에 두지 않고 자신의 실패담을 바탕으로 무조건 수도권 대학교에만 가야 한다고 강조한다면, 아이는 자신의 인생에 대해서 스스로 고민하고 선택을 할 폭이 좁아지게 되는 것이다. 그러다 보면 그것 때문에 좌절하고 절망하면서 자신감을 잃고, 자포자기의 심정이 되어서 아이 스스로 선택할 수 있는 뭔가 더 소중한 가치 있는 것을 잃을 수 있게 된다.

휴지를 먼저 줍는 것이
부모의 일이다

자신이 속한 정당이 엄청난 비리 정치자금 문제 때문에 곤욕을 치렀다. 그런데 나중에 다른 정당에서도 비리 정치자금 문제가 불거지기 시작했다. 그러자 이 당의 대변인이 텔레비전 토론에 나와 상대방에게 맹비난을 퍼부었다. 그러자 상대방이 이렇게 반문했다.

"정치자금 문제는 그쪽도 자유롭지 못하지 않습니까? 더구나 밝혀진 액수가 우리보다 더 많은 것으로 알고 있는데 어떻게 그런 말을 할 수 있습니까?"

그러자 이 정치인은 이렇게 말했다.

"어쨌든 돈을 받은 것은 잘못한 것 아닌가요? 잘못을 반드시 짚고 넘어가야 하지 않나요? 어렸을 때 길거리에 휴지를 버렸던 부모라도 나중에 자식이 휴지를 함부로 버리는 모습을 보고는 나무랄 수도 있어야 하는 것 아닙니까?"

"……?"

언젠가 우스갯소리라며 한 학생이 수수께끼를 냈다.

"선생님, 정치인과 정자의 공통점이 무엇인지 아세요?"

"저돌적이라는 거 아닐까?"

"에이, 선생님도 참!"

"그럼, 뭔데?"

"답은 둘 다 인간이 될 확률이 적다는 거래요."

정치인들이 언제부턴가 우스갯소리의 주인공이 되어 버렸다. 당장 자신이 옳다는 말만 하려다 보니 정작 자신의 행동에 대해 사회에서 어떻게 평가하는지 귀를 닫은 벽창호가 되어 버렸다.

자신이 하면 로맨스요, 다른 사람이 하면 불륜, 내가 받으면 정치자금, 다른 사람이 받으면 뇌물이라고 목에 핏대를 세우는 상황을 연출하는 슬픈 시대의 청맹과니가 되어 버린 것이다.

"길거리에 휴지를 버린 엄마도 자식이 휴지를 함부로 버린다면 나무랄 수 있는 것 아닙니까?"

꼭 휴지만이 아니다. 어린 아이의 손을 잡고 횡단보도를 막 건너던 엄마가 아이에게 혼자서 학교에 갈 때는 교통 신호 꼭 지켜야 한다고 주의를 준다. 학창시절에 공부와 담을 쌓았던 부모가 아이에게는 공부만큼 쉬운 게 어디 있냐며 공부나 열심히 하라고 닦달을 한다. 따지고 보면 이런 부모들은 철면피의 정치인과 다를 바가 없다.

부모가 휴지를 버리면서 자식에게는 버리지 말라고 가르치는 것이 왜 큰 문제점을 안고 있는지 살피지 않는다면 우리는 누구라도 위와 같이 뻔뻔한 정치인을 질타할 자격이 없다.

휴지를 주우라는 말은 누구나 할 수 있다. 공부 열심히 하라는 말은 누구나 할 수 있다. 착하게 살라는 말은 누구나 할 수 있다. 굳이 가르쳐 주지 않아도 누구나 할 수 있는 말들이다.

하지만 말만 앞세우는 정치인들을 보며 인간이 될 확률이 낮다고 조롱하며 반감은 갖는 것처럼 아이들은 말만 앞세우는 부모를 보면 똑같이 반감만 갖게 된다. 부모에게 반감을 가진 아이가 세상을 제대로 살아갈 확률은 더욱 낮아진다.

자신은 휴지를 버리며 자식에게 휴지를 버리지 말라고 훈계하는 소리는 자식이 세상을 제대로 살아가지 못하게 만드는 죄악에 불과하다. 아무리 옳은 소리라도 먼저 행하지 못하면 차라리 입이나 다물고 있는 것이 훨씬 현명한 처신인 것이다.

정 잔소리를 하고 싶다면 내가 먼저 휴지를 줍고 해야 할 일이다.

"너를 위해서"라는 말로
구속하지 말라

한자 4급 시험을 준비하고 있는 초등학교 4학년짜리 학생이다. 반에서 일등을 하지 못하면 엄마한테 혼이 난다는 것이다. 그러면서 지난 번에 4급 시험에서 떨어졌을 때 엄마한테 엄청 혼이 났다고 했다. 학생의 어머니는 이번에도 4급 시험에서 떨어지면 다른 학원으로 옮긴다고 했다는 말을 원장한테 들었기 때문에 신경이 쓰일 수밖에 없었다.

"선생님, 오늘은 스무 문제만 풀고 놀게 해 주세요."

"그러다가 이번에 또 떨어지면 엄마한테 혼날 거잖아?

"저는요, 혼나도 상관없어요. 어차피 지금까지 시험 끝나고 혼나지 않은 적이 거의 없어요."

"그렇다면 혼나지 않았던 적도 있다는 거네."

"예, 작년 1학기 때 딱 한 번 전 과목에서 올백을 맞았던 적이 있거든요."

"그때는 되게 좋았겠다."

"에, 되게 좋기는 했어요. 그런데 올백은 그때뿐이었어요."

"왜, 그 이후에는 열심히 하지 않았니?"

"아니요, 열심히 했죠. 하지만 이상한 데서 꼭 한 문제가 틀려요. 지난 번에는 국어에서 한 문제 틀리는 바람에 혼났어요."

"그래도 한 문제밖에 틀리지 않았으면 잘 한 거잖아? 전교에서도 일이등 하지 않았니?"

"전교에서 올백 맞는 애들이 얼마나 많은데요. 한 문제라도 틀리면 전교 등수는 확 떨어진단 말이에요. 엄마한테 혼날 수밖에 없어요."

처음에는 귀를 의심해야 했다. 초등학교 때는 무엇보다 공부하는 것에 재미를 붙여야 하는데 정말이지 이것은 아니다 싶었다.

"선생님, 저 좀 놀게 해 주세요. 어차피 집에 가면 열한 시까지 또 공부해야 한단 말이에요."

"그때도 한자 공부해야 하는 거니?"

"예, 어쨌든 이번에 4급 시험 떨어지면 또 혼날 거예요."

"그럼 이번에 붙을 자신은 있는 거야?"

"그럼요, 제가 얼마나 잘 하는데요."

그래서 먼저 20문제를 뽑아 주면서 이렇게 말했다.

"오늘은 첫 시간이니까 테스트하는 거야. 20문제 중에 15개 이상 맞으면 나머지 시간을 놀게 해줄게."

"정말요?"

한자 4급 문제는 초등학교 4학년한테는 결코 쉬운 문제가 아니다. 그런데 이 학생은 10분도 되지 않아서 20문제를 모두 풀었다. 3문제가 틀렸기 때문에 나머지 시간은 약속대로 마음대로 놀아도 된다고 했다. 아이가 워낙 실력이 있길래 본인이 하고 싶다는 대로 해주기만 하면 무난히 4급 시험을 합격할 것 같아서 몇 번 더 그렇게 아이가 해달라고 하는 대로 20문제만 풀면 나머지 시간은 놀게 해주곤 했다. 그랬더니 어느 날 아이의 어머니한테 한 소리가 들렸다. 어떻게 한 시간 동안 20문제밖에 풀지 않느냐는 것이었다. 20문제밖에 풀지 않으면 도대체 나머지 시간은 무엇을 하냐는 것이었다. 어머니도 아이가 20문제 정도는 10분 안에 푼다는 것을 잘 알고 있었기 때문이다. 참으로 입장이 난처해졌다. 그래서 그 다음부터는 어쩔 수 없이 아이에게 될 수 있으면 많은 문제를 풀게 했다. 20문제를 10분 안에 푸는 학생이다 보니까 나머지 40분 가량은 여간 지루한 것이 아니었다. 그래서 아이에 대해 좀 더 알기 위해 이것저것에 대해 물어보기 시작했다.

"집에서는 어떻게 공부하니?"

"9시부터 11시까지 숙제를 하거나 숙제가 없는 날에는 엄마가 내준 문제를 풀어야 해요."

"엄마는 뭐하시는데?"

"안방에서 텔레비전 봐요. 저도 텔레비전이 얼마나 보고 싶은데 엄마 때문에 텔레비전은 마음대로 보지도 못해요."

"엄마가 원망스럽겠구나?"

"엄마는요, 제가 전부래요. 제가 공부 못하면 당장 죽어버릴지도 모른대요."

"그런 엄마가 원망스럽지 않아?"

"엄마는 저를 위해서 그런다지만 정말 미울 때가 많아요. 저는 이다음에 결혼을 하면 엄마하고 결코 같이 살지 않을 거예요."

"왜?"

"저는 정말이지 공도 마음대로 차고, 텔레비전도 마음대로 보고 싶고, 컴퓨터도 마음대로 하고 싶거든요. 그런데 엄마는 제가 하고 싶은 것을 마음대로 못하게 하잖아요. 정말로 저를 위한다면 제가 하고 싶다는 대로 해줘야 하는 거 아니예요?"

"……?"

"엄마는 말만 저를 위한다고 하는 것이지, 사실은 자기 하고 싶은 대로 하는 거예요. 저도 어른이 되면 엄마처럼 모든 걸 제가 하고 싶은 대로 할 거예요. 그래서 전 빨리 어른이 되고 싶어요. 뭐든지 제가 하고 싶은 대로 할 수 있잖아요."

자녀를 학원으로 내모는 부모들은 대개 자식을 위해 투자를 한다고 생각한다. 어떻게든지 공부를 잘 하게 하려는 것도, 적지 않은 학원비를 아낌없이 쓰는 것도, 다 자식의 미래를 위한 것이다.

하지만 아이들은 그렇게 받아들이지 않는다. 부모가 자신을 위해 쓰는 학원비에는 관심도 없고, 공부가 자신의 미래를 위해서 중요하다는 것은 알면서도, 지금 당장 받는 스트레스 때문에 지겨워한다.

"다 너를 위해서 그런다."

이렇게 말하는 부모일수록 아이의 말에 귀를 기울여야 한다.

"어른이 되면 제일 먼저 집부터 나갈 거예요."

이런 아이들이 나중에 부모와 함께 살 수 없다는 말을 많이 한다. 착한 아이일수록 반항 없이 잘 따라오다가 어른이 되자마자 제일 먼저 배신을 하게 되는 것이다.

"네"라는 대답만을
강요하지 마라

수업 시간마다 맨 앞 자리에 앉아서 수업을 하는 동안 수도 없이 "네, 네"하면 수업의 맥을 끊는 학생이 있었다. 처음에 한두 번은 그 학생이 "네, 네"하는 대답이 정말로 제 말을 이해해서 하는 소리인 줄 알았다. 그러나 한두 번 겪다 보니까 그 학생의 "네, 네"라는 대답이 너무 공허하게 들리기 시작했다.

"세상에는 절대적으로 옳고 그르다고 할 수 있는 것은 거의 없다는 것을 알아야 해. 무슨 말인지 알겠니?"

"네."

"그렇다면 거짓말은 좋은 걸까? 나쁜 걸까?"

"네."

"지금 내가 무슨 말을 했는데 '네.'라고 대답한 거야? 내 말이 무슨 뜻인 줄 알겠어?"

"네."

"그래? 그럼 무엇을 알았는데?"

"네?"

"아니, 나는 지금 그 '네'라는 말 대신에 구체적으로 네가 알아 들은 것을 말해보라는 거야?"

"……?"

거의 모든 이야기가 이런 식이었다. 앞에서 열심히 이야기하면 "네, 네"라고 대답은 하는데 막상 무엇을 알았냐고 하면 말문이 막히는 학생이었다. 그래서 한번은 조심스럽게 내가 무슨 말을 하든지 간에 "네."라는 대답을 하지 말아 보라고 했다. 그랬더니 이 학생은 금방 답답해하기 시작했다. 자신도 모르게 무의식적으로 나오는 "네."라는 대답을 참으려고 하니까 못 견딜 지경에 이른 것이다.

"선생님, 막상 '네.'라는 말도 안 하고 가만히 있으려니까 답답해요. 어쩌면 좋죠?"

"그러면 또 '네.'라는 대답을 해봐. 이번에는 어떨 때 '네.'라는 대답을 하고 있는지 그 모습을 보면서 해보면 되잖아. 사실 너는 그 동안 내가 무슨 말을 하든지 간에 무의식적으로 '네.'라는 말을 해대는 바람에 내 이야기의 맥을 끊어 놓았거든. 그 동안 아무리 봐도 네가 못 알아 들은 것 같아서 더 설명하려고 하다가도 네가 '네.'라는 대답을 해 버리는 바람에 더 이상 설명하지 못하고 넘어간 것도 많아. 그런데 가만히 보면 너는 '네.'라는 대답을 했지만 내 말을 못 알아 들은 것이 많거든."

"예를 든다면 그게 뭐였죠?"

"자, 그럼 다시 한번 물어볼게. 거짓말이 좋은 거야, 나쁜 거야?"

"네, 그야 좋기도 하고 나쁘기도 하다고 배웠죠?"

"그럼, 구체적으로 좋은 거짓말은 어떤 것이고, 나쁜 거짓말은 어떤 것인지 말해 봐."

"네, 그야 선의의 거짓말은 좋고, 그렇지 않은 거짓말은 나쁜 거잖아요."

"그럼, 선의의 거짓말이 어떤 것인지 구체적인 예를 들어 봐."

"네, 그야 선의의 거짓말은 좋은 의도로 한 거짓말이고…."

"내 말은 선의의 거짓말의 구체적인 예를 들어 보라는 거야."

"네?"

"지금 한 말은 선의의 거짓말에 대한 뜻풀이이고, 내 말은 구체적으로 어떤 것이 선의의 거짓말인지 말해 보라는 거야. 예를 든다면 시험 점수가 안 좋은 아이가 엄마한테 거짓말을 한 것은 좋은 거짓말일까?"

"그야 나쁜 거짓말이죠."

"이 아이는 엄마가 자기 성적 때문에 걱정할까 봐 엄마를 위해서 선의의 거짓말을 할 수도 있는 거잖아. 그런데 나쁜 거짓말이라고 할 수 있어?"

"네, 그것은 엄마를 속이는 거잖아요? 그러니까 나쁜 거짓말이죠."

"그러면 어떤 아이가 도둑질을 하다 도망쳐온 아버지를 숨겨 주었어. 그리고 경찰이 찾아오자 거짓말을 해서 아버지를 보호해 주었어. 이럴 때 이 거짓말은 좋은 거짓말일까, 나쁜 거짓말일까?"

"그야?"

"아빠를 위해서는 좋은 거짓말이고, 경찰이나 도둑을 당한 사람한 테는 나쁜 거짓말이라고 할 수 있겠지?"

"네. 저도 그렇게 말하려고 했어요."

"그렇다면 이것은 선의의 거짓말이야, 악의의 거짓말이야?"

"……?"

"나는 사실 앞에서 이런 말을 하려고 했는데, 네가 말끝마다 '네.' 라고 대답을 해버리니까 더 이상 말을 잇기가 힘들었잖아. 무슨 말인 지 알겠어?"

"네."

"지금도 '네.' 라고 대답을 했는데 무엇을 알았다고 '네.' 라고 한 거야?"

학생은 혼돈에 빠졌다. 습관적으로 '네.'라고 대답하던 것을 지적 받고 이제 '네.' 라는 대답을 안 하려고 하니까 답답하다고 했다. 그래 서 학생에게 언제부터 상대가 말할 때 '네.' 라고 무의식중에 대답하 는 버릇이 생겼는지 찾아보라고 했다.

며칠 후에 학생이 이렇게 말했다.

"초등학교 때부터 엄마의 잔소리가 심했어요. 엄마는 뭐라고 말할 때마다 제가 대답을 하지 않으면 더욱 화를 냈거든요. 그래서 엄마 말이 끝나면 무조건 '네.'라고 대답을 해야 했어요. 그래야 엄마의 잔소리도 끝이 났거든요."

실제로 아이들 중에 어른이 뭐라고 말하면 "네, 네."라며 대답을 잘하는 아이가 있다. 물론 어른이 말하는데 아무 대꾸도 하지 않고 있는 것보다는 낫다고 볼 수 있다. 하지만 엄밀하게 따져보면 아무 대꾸도 하지 않는 아이나 이처럼 "네, 네."라고 대답부터 해놓는 아이는 서로 같은 마음이다. 아이에게 무조건 "네."라는 대답을 강요하는 것이 결코 아이를 위한 것이 아니라는 것을 알아야 한다.

순종형이 되도록
만들지 말라

매일 영어와 수학 학원을 다니고, 일주일에 두 번은 피아노, 논술과 미술 과외를 받는다는 아이가 있었다. 피아노는 정말 하기 싫은데 엄마가 말을 들어주지 않는다고 했다.

"엄마한테 말씀은 드려 봤어."

"예."

"그랬더니 뭐라고 하시는데?"

"중학교에 가면 실기 시험이 있을지 모르니까 배워둬야 한데요. 그래서 어쩔 수 없이 배우고 있어요."

"엄마가 원망스럽겠구나?"

그런데 아이는 의외로 의젓하게 말했다.

"아니에요. 다 저를 위해서 그러시는 거잖아요."

정말 심성이 곱고 착한 아이였다. 괜히 말을 잘못해서 아이가 잘못된 생각을 가질까 봐 여간 조심스럽지 않았다. 그래서 그 정도에서

"학생일 때는 부모님이 하라는 대로 해서 손해 볼 것이 없으니까 네가 정말 잘 하고 있는 것"이라고 하면서 칭찬을 해주었다.

며칠 후에 아이와 책을 읽고 있길래 말을 붙여 보았다.

"무슨 책을 읽고 있어?"

"로빈슨 크로소라는 책이요."

"재밌어?"

"예."

"어떤 부분이 재미있는데?"

"로빈슨이 아버지가 하라는 대로 하지 않고 자기가 하고 싶은 것을 하기 위해 모험을 떠나는 부분이 재미있었어요."

"로빈슨이 아빠 말을 듣지 않은 것이 잘 한 걸까, 못한 걸까?"

아이는 피식 웃기만 했다. 그러더니 의외의 말을 했다.

"꼭 아빠 말을 들어야 좋은 것만은 아니잖아요?"

"왜?"

"그러면 자기 하고 싶은 것도 마음대로 못할 거잖아요. 로빈슨도 만약 아빠 말만 들었으면 모험도 하지 못했을 거잖아요."

"하지만 아빠 말만 잘 들었으면 그렇게 위험하고 힘든 일은 겪지 않을 수도 있었잖아?"

"그런가요?"

"그렇지."

"그러네요."

아이는 어느 새 이렇게 이야기하며 금방 풀이 죽었다. 이 아이는 내성적이고 심성이 착한 아이였다. 머리도 좋아서 누구 못지않게 공부도 잘 하는 아이였다. 겉으로 봐서는 아무 문제가 없는 모범생이었다.

엄마는 아이가 매사에 지나치게 소극적이라면서 걱정을 하고 있었다. 학교 선생님들도 다른 것은 다 좋은데 학교생활에서 능동적이지 못한 것이 가장 큰 흠이라고 한다고 했다.

아무리 공부를 잘하고, 부모 말을 잘 듣는 아이라 하더라도, 지나치게 소극적이면 아이의 미래를 위해 고민하는 것은 당연한 일이다. 아이가 지나치게 소극적이라면 사회성에 문제가 있을 수 있기 때문이다.

현대사회는 진취적이고 적극적인 인재를 필요로 한다. 아무리 능력이 뛰어나더라도 소극적이라면 능력을 발휘할 기회도 잡지 못하고 도태될 수밖에 없다.

소위 일류대학을 나왔다고 주변 사람들의 부러움을 샀던 사람들이 사회에 나와서 취직도 못하고 낙오자로 전락해 버리는 경우도 많다. 말 그대로 공부만 잘하고, 착하기만 하고, 사회의 흐름에 적응하지 못해 사회성에 문제를 일으키는 것이다.

아이가 소극적인 성격으로 변한 데에는 부모의 책임이 크다. 성격이라 타고난 부분도 많지만 후천적으로 어려서부터 강압적인 부모 밑에서 자란 아이들 중에 이런 경우가 많다. 내 아이가 순종형으로 자라는 것이 결코 좋은 것만은 아니라는 것을 알아야 한다.

chart 5

받는 것보다
주는 즐거움을
느끼게 하자

존경받는 부자들은 주는 것을 잘 한다.

빌 게이츠와 워렌 버핏이 세계 최고의 부자이면서

존경을 받는 것은 잘 줄 줄 알기 때문이다.

받기만 바라는 마음은
저주를 부른다

어떤 어머니가 갓 태어난 자식을 위해 지극정성으로 기도를 했다.

"신이여, 우리 아이가 모든 사람에게 사랑을 받게 해 주세요."

어머니의 기도가 얼마나 간절했는지 마침내 신이 소원을 들어주기로 했다. 아이는 어머니의 소원대로 주변 사람들로부터 모든 사랑을 독차지했다. 어머니는 아이가 주변 사람들로부터 사랑을 받으니까 기분이 마냥 좋기만 했다.

그런데 아이가 점점 커가면서 어머니는 불안해지기 시작했다. 어려서부터 무슨 짓을 해도 주변 사람들로부터 사랑을 받으니까 아이의 행동이 점점 거칠어 지기 시작했다. 자기 마음대로 행동하고, 조금이라도 마음에 들지 않으면 횡포를 부리기도 하고, 어머니한테도 행동을 막 하는 못된 아이가 되어가고 있었다.

뒤늦게나마 정신을 차린 어머니는 어떻게 할 줄 몰라 다시 신에게 간절히 기도를 했다.

"신이여, 아이가 올바르게 크게 하려면 어떻게 해야 합니까?"

어머니 앞에 신이 나타나 이렇게 말을 했다.

"먼저 네가 아이에게 걸어놓은 저주를 풀어야 할 것이니라."

"예? 저주라뇨?"

"아이가 어렸을 때 모든 이들에게 사랑을 받게 해 달라고 저주를 걸어 놓지 않았더냐? 그것을 풀지 않으면 아이는 결코 올바르게 클 수 없느니라."

"신이시여, 그것이 어떻게 저주가 될 수 있단 말입니까?"

"무슨 짓을 해도 사랑을 받으니까 망나니가 되었지 않았더냐? 그러니 그것이 저주가 아니고 무엇이란 말이더냐?"

"이제 제가 어떻게 하면 좋겠습니까?"

"이제라도 잘못된 생각 하나를 바꿔야 하느니라."

"신이시여, 그 생각이 무엇입니까? 저에게 알려주십시오."

"아이가 모든 이한테 사랑 받기를 바라지 말고, 모든 이를 사랑할 수 있기를 바라야 하느니라. 그래야 비로소 아이를 올바르게 키울 수 있느니라."

아이가 무조건 사랑을 받기 바라는 마음은 부모가 아이에게 돌이킬 수 없는 저주를 퍼붓는 것과 같다는 말에 귀 기울여야 한다.

아이가 사랑을 주는 사람이 되면 사랑 속에서 살 수 있지만, 사랑을 받기만 하는 사람이 되면 주변 사람뿐만 아니라 궁극적으로는 자신에게 해를 끼치는 사람으로 자라게 된다.

주는 사람이 되기를
바라야 한다

"우리 아이가 사람들에게 언제나 도움을 받는 사람이 되게 해 주세요."
"우리 아이가 많은 사람들에게 도움을 주는 사람이 되게 해 주세요."

자식을 위해 매일같이 서로 다른 소원을 비는 어머니가 있었다. 시간이 흘러 두 아이가 어른이 되었을 때 어머니의 소원대로 이뤄져 아이들은 전혀 다른 모습으로 자랐다.

한 아이는 길거리에서 구걸을 하는 거지가 되었고, 한 아이는 자신의 도움을 필요로 하는 사람들에게 아낌없이 베풀어 주는 커다란 부자가 되었다.

우리는 누군가에게 주는 것보다 누군가로부터 받는 것을 더 좋아한다. 내 것을 주는 것은 손실로 보고, 받는 것은 이득으로 보는 단순 계산이 익숙해져 있다.

197

"이 다음에 커서 누군가에게 주는 사람이 되는 게 좋을까, 누군가로부터 받는 사람이 되는 게 좋을까?"

종종 이렇게 물어보는 경우가 있다. 많은 아이들이 망설임없이 대답한다.

"당연히 받는 사람이 되는 게 좋죠. 받는 걸 싫어하는 사람도 있나요?"

그렇다면 누군가에게 주는 사람이 더 행복할까?

아니면 누군가로부터 받는 사람이 더 행복할까?

한번 깊이 생각해 볼 문제이다.

학교에서 사고를 쳐서 벌칙으로 장애우보호 시설에 봉사활동 명령을 받은 고2 여학생이 있었다. 얼굴도 예쁘장하고 마음씨도 여린데, 감정조절을 잘 못해 분노 표출을 직설적으로 하는 아이였다. 학교에서 품행 문제로 혼을 내는 선생님한테 욕설을 했다는 것이 믿겨지지 않을 정도로 착한 마음을 가진 아이다.

장애우보호 시설에서 봉사활동을 하고 온 이 아이의 표정은 더욱 밝아 있었다.

"봉사활동하고 나니까 기분이 어땠어?"

"태어나서 이런 기분은 처음이었어요."

"뭐가 그렇게 좋았는데?"

"글쎄요, 저도 잘 모르지만 그냥 좋았어요. 다음에 또 가게 해 주세요."

"봉사 점수가 필요한 거야, 아니면 봉사 자체가 좋은 거야?"

"둘 다 좋아요. 내가 누군가를 도와 줄 수 있다는 것도 좋았고, 그동안 한 번도 따보지 못했던 봉사활동 점수도 따니까 얼마나 좋은지 몰라요."

순간적으로 아이가 정말 사고를 쳐서 벌을 받으러 온 아이가 맞나 싶은 생각이 들었다. 학교 공부는 성적도 안 나오고 흥미도 없어서 포기한 거나 마찬가지라고 했다. 스스로 말하기를 학교 다니기가 싫지만 어떻게든지 졸업을 해야 할 것 같아서 억지로 다니고 있는 것이라 했다. 그러던 아이가 벌칙으로 찾아 간 장애우보호 시설에서 봉사활동을 한번 해 보고는 완전히 사람이 달라 보이는 행동을 한 것이다. 어머니는 처음 보는 아이의 밝은 모습을 보고 넋두리처럼 말했다.

"내가 애를 잘못 키웠네요. 그냥 애지중지 키울 줄만 알았지, 애가 무엇을 좋아하는지도 모르고 있었으니…."

어머니는 속만 썩였던 딸아이의 색다른 모습을 처음 보았다. 이럴 줄 알았으면 진작부터 아이를 데리고 봉사활동을 열심히 다녀야 했는데 그동안 너무 잘못한 것 같다고 했다.

인간의 원초적인 욕망 중에 하나가 바로 명예욕이다. 명예욕은 오로지 타인과의 관계 속에서 성취감을 느낄 수 있는 욕망이다.

명예를 얻기 위한 많은 방법 중에 하나가 타인을 제압하고 복종시

킴으로써 획득하는 것이다. 하지만 이렇게 얻는 명예욕은 타인의 완전한 복종을 장담할 수도 없을 뿐너러 설사 복송한다 하더라도 언제 상황이 바뀔지 몰라 만족을 추구할 수 없는 한계가 있다.

그런데 누군가에게 도움을 주며 자신의 존재의 의미를 발견하며, 내면으로부터 자기만족을 추구하면서 얻는 즐거움은 타인에게도 기쁨을 주기 때문에 그렇게 얻는 명예욕은 자기만족의 한계가 있을 수 없다.

학교에서는 말썽을 피우는 아이일지 모르지만 자신의 도움을 필요로 하는 사람들을 접하면서 자신이 한 일에 대해 뿌듯한 성취감을 느끼는 아이의 마음속에 그 누구도 대신 느낄 수 없는 기쁨이 충만한 이유도 여기에 있다.

내 아이가 왜 누군가를 위해 베푸는 사람이 되기를 바라야 하는지 알 수 있어야 한다.

주는 것과 받는 것도
교육과 훈련이 필요하다

어떤 사람이 시상식 자리에서 좋아하는 사람에게 꽃다발을 선물로 주었다. 사람들의 환호성이 울리고 박수갈채가 잇따랐다. 뒤를 이어 상을 받아야 할 사람은 꽃다발을 전해 주는 사람이 없었다. 먼저 꽃다발은 받았던 사람이 얼른 그것을 주며 축하를 해 주었다. 그러자 처음에 꽃다발을 주었던 사람의 표정이 일그러졌다.

"이럴 수가! 어떻게 내 정성을 이렇게 무시할 수가 있어!"

자신이 준 꽃다발을 다른 사람에게 준 것이 자신의 정성을 무시한 것이라고 생각한 이 사람은 화를 내고 그만 자리를 떠나 버렸다.

친구와 절교를 했다는 중3 여학생이 있었다.

"왜 그랬는데?"

"글쎄요, 제가 얼마 전에 반지를 선물로 주었는데 바로 그 자리에서 다른 친구한테 주잖아요. 어떻게 내 성의를 무시할 수가 있어요."

어떤 사람은 친구가 결혼을 하자 비싼 돈을 들여 고급 액자를 샀다. 집들이 때 친구집을 방문해서 선물로 주며 이렇게 말했다.

"이건 아주 비싼 거야. 사람들한테 잘 보이는 여기에 걸어 놓으면 좋을 거야."

그는 친구의 허락도 받지 않고 망치를 챙기더니 벽에 못을 박고 액자를 걸어 두었다.

"이야, 멋지다. 내 마음이니까 이것 보고 항상 행복해야 돼."

며칠 후 친구집을 방문해 보았더니 액자는 어디 있는지 보이지 않고, 그 자리에는 신혼여행지에서 찍은 부부의 커다란 사진이 걸려 있었다. 그 모습을 보고 이 사람은 친구가 자신의 성의를 무시했다는 생각이 들어서 기분이 나빠졌다고 한다.

누군가에게 선물을 주었는데 그 사람이 별로 소중하게 여기지 않는 것 같으면 화를 내거나 관계를 틀어 버린다. 상대에게 무엇을 줄 때 상대를 구속하려 드는 경우가 많기 때문이다. 선물을 통해 내 마음을 준 것으로 만족을 하면 되는데, 자신이 선물을 주었다는 것에 집착을 해서 자신뿐만 아니라 상대를 구속하려 드는 것이다.

꽃다발을 통해 진심으로 축하하는 마음을 담았으면 그것으로 그쳐야 하는데, 받은 사람이 끝까지 꽃다발을 챙겨야 한다는 욕심 때문에 애초에 선물로 주었던 목적을 잃어버리는 것이다. 친구에게 반지를 선물로 주었으면 준 것으로 만족해야 하는데, 친구가 꼭 그 반지를 챙겨야 한다는 욕심 때문에 오히려 친구와 관계가 틀어지는 결과를 초래하게 되는 것이다.

선물을 주는 것은 나와 상대를 기쁘게 하기 위함이다. 그런데 앞에서 살펴본 것처럼 선물은 자칫 잘못하면 상대에게 부담을 주는 것이 될 수가 있다. 무엇인가를 줄 때는 조건 없이 줄 줄 알아야 한다.

가장 미워하는 사람은 가장 가까운 사람에게서 생긴다. 아무런 관련이 없는 사람이라면 미워할 이유도 없다. 역설적이지만 가장 미워하는 사람이 가장 사랑하는 사람일 수도 있다. 사랑하는 감정이 없으면 미워하는 감정도 생길 수 없다.

사랑한다는 이유로 꽃다발을 주었던 것이 어느 한 순간 미움으로 바뀔 수 있고, 선물로 주었던 반지와 고급 액자 하나 때문에 좋아했던 사람이 미워하는 사람으로 전락할 수가 있다.

무엇인가를 상대에게 주었을 때는 그것 자체만으로 그칠 수 있어야 한다. 내가 아무리 좋아해서 준 선물이라 할지라도 상대에게는 자칫 부담이 되거나 쓸모없는 물건이 될 수도 있다는 것을 알아야 한다.

물론 반대로 상대에게 무엇을 받았을 때는 최대한 준 사람의 마음을 헤아릴 줄 알아야 한다. 내가 선물로 받은 꽃다발을 다른 사람에게 주고 싶다 하더라도, 나에게 선물을 준 사람의 반응을 살필 수 있어야 한다.

주는 것과 받는 것도 그만큼 훈련과 연습이 필요하다.

잘 받으면
거름이 되고 복이 된다

옛날에 성질 고약한 부자가 있었다. 부자는 결코 누구에게 그 무엇도 베풀어 준 적이 없었다. 주변 사람들은 이 부자와 마주치는 것조차 싫어했다.

당시는 불교가 성행했던 시절이라 많은 스님들이 집집마다 탁발을 다니고 있었다. 이 부자를 모르는 스님들은 탁발을 갔다가 봉변을 당하기 일쑤였다. 부자는 스님들이 오면 쌀 대신에 쇠똥을 모아 놓았다가 탁발자루에 쏟아 부었던 것이다. 이런 소문이 나자 스님들도 이 부잣집에 탁발을 다니는 것을 꺼렸다.

이때 마을 뒷산에는 오랜 수행을 한 고승이 있었다. 고승은 부자의 소식을 듣고 안쓰럽게 생각했다. 주변 사람들에게 인색하게 굴고 스님들한테 쇠똥을 퍼붓고 한 죄가 얼마나 큰지 모르는 부자가 불쌍해 보였다. 그래서 큰마음을 먹고 부잣집으로 탁발을 갔다.

"이거나 갖고 어서 가시오."

부자는 예외 없이 고승의 탁발자루에 쇠똥을 퍼부었다. 고승은 그런 부자를 보고도 원망하기는커녕 두 손을 모아 진심으로 감사를 드렸다.

"부디 이 공덕으로 복 많이 받으시길 빕니다."

다른 스님들은 그쯤에서 기겁을 했었는데 표정 하나 바뀌지 않고 자신을 향해 복을 빌어주고 뒤돌아 가는 고승을 보고 부자는 기분이 언짢았다. 사흘 후에 고승은 부잣집 앞에 또 나타났다. 부자는 '이 놈 봐라.' 라는 심정으로 더 많은 쇠똥을 탁발자루에 쏟아 부었다. 그때도 고승은 얼굴 하나 찌푸리지 않고 아주 공손한 표정으로 부자의 복을 빌어 주었다.

"부디 이 공덕으로 복 많이 받으시길 빕니다."

고승의 태도를 보고 부자는 더욱 화가 났다. 그래서 다음에 또 나타나면 그때는 인분을 가득 부어 주리라 다짐을 했다. 사흘 후에 고승은 똑같은 모습으로 부자의 집에 탁발을 왔다. 부자는 벼른 대로 냄새가 풀풀 나는 인분을 고승의 탁발자루에 가득 부어 주었다. 이때도 고승은 똑같은 표정으로 부자의 복을 빌어 주었다.

"부디 이 공덕으로 복 많이 받으시길 빕니다."

부자는 더욱 화가 났다. 고승이 자신을 놀려 주려고 일부러 그런다고 생각했기 때문이다. 그래서 이번에는 아예 고승의 절간을 때려부숴 버리리라 마음을 먹고 몰래 고승의 뒤를 따라갔다. 고승은 부자가 따라오는 것을 아는지 모르는지 똥이 가득 든 탁발자루를 들고 천천히 절간으로 들어갔다.

"스님, 도대체 왜 이러십니까?"

고승이 절간에 들어서자마자 젊은 스님이 냄새를 못 참겠다며 코를 막고 투덜거리는 모습이 보였다. 고승은 아랑곳없이 똥이 든 탁발 자루를 들고 절간에 심어진 은행나무 곁으로 갔다. 그리고 그 밑에 구덩이를 파고 탁발자루에 둔 똥을 거름으로 주면서 부자를 위한 축원을 하고 있었다.

"평생을 베푼 것이라고는 티끌만큼도 없는 불쌍한 부자가 악도로 떨어질 뻔했는데, 이렇게 거름을 베풀어 너에게 주니 부디 이 공덕으로 부자가 악도에 떨어지는 일이 없도록 해다오."

몰래 숨어서 그 모습을 지켜보던 부자는 고승이 진정으로 자신의 복을 빌어 주고 있다는 것을 알고는 그만 그 자리에서 무릎을 꿇고 자신의 잘못을 빌었다고 한다.

주고 받는 것은
물질만이 아니다

어느 단체에 새로운 회원이 들어왔다. 기존 회원 중에 한 사람이 낯설어 하는 새 회원에게 다가가 커피를 건넸다.

"아뇨, 전 됐습니다."

커피를 내밀었던 사람은 괜히 어색해 하다가 슬그머니 다른 자리로 갔다. 옆에 있던 친구가 말했다.

"네가 그러니까 저 사람이 민망해 하잖아. 그럴 때 그냥 받아 주면 안 돼? 네가 먹기 싫으면 나한테라도 주면 되잖아?"

이 사람은 친구의 말을 못 알아듣고 이렇게 말했다.

"먹고 싶으면 네가 직접 달라고 하지 왜 그래?"

"내 말은 그게 아니잖아? 내가 보기에는 저 사람이 너보고 꼭 커피를 먹으라고 내민 것이 아니라 너하고 친해 보자고 호의를 베푼 것 같았기 때문이야. 너한테 뭔가 이야기 좀 나눠 보려고 하다 네가 그렇게 단칼에 거절을 하니까 그냥 민망해서 자리를 뜨잖아."

내가 당장 먹기 싫다는 이유만으로 상대가 내민 커피를 단칼에 거절하는 것은 곧 그 사람의 호의를 거절한 것이라는 것을 모르고 있다. 자신이 그렇게 한 행동이 그 사람한테 더 큰 것을 받을 수 있는 기회를 차단한 것일 수도 있다는 것을 인식하지 못하는 것이다.

"마음만 있으면 됐지, 꽃다발이 왜 필요해?"

"중요한 것은 형식이지 마음이 아니다."

아이들에게 이렇게 말하는 부모가 많다.

"어머니, 아버이날 선물이에요."

그래서 아이들이 선물을 주면 시큰둥하게 '마음만 있으면 됐지 뭐 이럴 필요가 있냐?'고 하는 부모가 있다.

문제는 이렇게 사소하게 내뱉는 말과 행동이 내 아이를 줄 줄도, 받을 줄도 모르는 아이로 만들 수 있다는 것을 인식하는 부모가 많지 않다는 것이다.

아무리 부정하고 싶어도 인간은 물질에 약할 수밖에 없다. 누군가에게 물질적인 선물을 받았으면 어쩔 수 없이 마음이 갈 수밖에 없다. 따라서 아이들에게 올바른 인성을 심어주기 위해서는 주변 사람들에게 적당한 선물을 주는 연습을 시켜야 한다.

주변 사람들에게 껌 하나, 사탕 하나라도 제대로 줄 줄 모르는 아이가 있다. 이런 아이들은 남이 주는 것도 잘 받지 못하는 경우가 많다.

중학교 2학년 여학생이 친구 생일에 마음을 써서 만 원짜리 만연 필을 사서 선물로 주었다. 선물을 받아 든 아이가 그 자리에서 선물을 펼쳐 보이더니 이렇게 말했다.

"너, 이거 얼마 주고 산 거야?"

"응, 00마트에서 만 원 주고 샀어."

"이거 인터넷으로 사면 5천 원이면 사는데, 미리 나한테 말하고 돈 으로 줬으면 더 좋았잖아."

그러자 선물을 내밀었던 친구의 표정의 확 바뀌었다.

"알았어, 그러면 그거 이리 줘. 그리고 이 돈으로 네 건 네가 인터 넷에서 5천 원 주고 사. 알았지?"

초등학교 학생들을 대상으로 어버이날에 색종이로 카네이션을 만 드는 시간이 있었다. 다들 열심히 만들고 있는데 한 아이는 아예 관심 도 두지 않고 딴 짓을 하고 있었다.

"친구들은 카네이션 만드는데 너는 뭐 하니?"

"전 카네이션 만들 필요 없어요."

"왜?"

"작년에 만들어 드렸는데 엄마 아빠가 기뻐하지도 않더라고요. 저

녁에 와 봤더니 쓰레기통에 버려져 있었어요. 어차피 쓰레기통에 버려질 것 만들어 봤자 뭐해요?"

아이는 이렇게 말하면서 자기한테 주어진 색종이를 갈기갈기 찢고 있었다.

이런 아이들은 선생님의 말도 잘 듣지 않는다. 선생님들은 아이들에게 무엇인가를 아낌없이 주려는 사람들이다. 사소한 것 같지만 어려서부터 이와 같이 주고 받는 것에 대해서 올바로 훈련이 되지 않은 아이들은 선생님이 주려는 것에 대해서 일단 경계심부터 갖고 대하게 된다.

어디 선생님의 가르침뿐이랴. 주고 받는 것에 대한 연습과 훈련이 부족한 아이들은 대인관계에서도 자기중심적인 성향을 보이는 경우가 많다. 물질을 주거나 받을 줄 모르는 아이들은 물질을 떠난 마음조차도 잘 받을 줄 모르기 때문이다.

세상에 주고 받는 것은 물질만 있는 것이 아니다. 물질을 잘 주고 받는 사람이 마음도 잘 주고 받는다. 누군가 주는 마음을 잘 받지 못하는 사람은 물질에 인색한 경우가 많다.

마음을 잘 주고 받는 아이로 키우고 싶다면, 평소에 작은 선물이라도 잘 주고 받는 마음을 갖도록 해줘야 한다. 그러기 위해서는 부모부터 누군가 주는 작은 선물이라도 잘 받는 노력을 기울여야 한다. 아이는 부모를 통해 따라 배우기 마련이다.

줄 줄 알아야
원하는 것도 쉽게 얻는다

아이가 공부를 잘하는 아이건 못하는 아이건 한 시간 정도 수업을 해보면 '이 학생은 이대로만 해도 무난히 합격을 하겠구나, 이 학생은 좀더 많은 노력을 기울여야겠구나, 이 학생은 참 힘들겠구나' 라는 판단이 든다. 실제로 이런 판단은 거의 적중했다.

내신 성적이 엉망이라 자신이 원하는 학교에 담임선생님이 도저히 수시원서를 써 줄 수 없다고 하는 학생이 있었다. 아이는 자신이 부족한 것이 무엇인지 잘 알고 있었다. 학생은 수업 시간에 거의 빈손으로 오는 경우가 없었다. 수업에 올 때마다 항상 음료수나 껌, 또는 사탕이라도 들고 와서는 조심스럽게 탁자 위에 올려놓고 했다.

"담임선생님이 원서 안 써준다고 하시는데 화나지 않았어?"

"제가 부족한 걸 아는데 어떻게 화를 내요?"

"그래서 어떻게 할 건데?"

"어떻게 하긴요? 거의 매일 찾아가서 음료수 드리고 어깨 주물러 드리면서 조금이라도 가능성이 있나 봐 달라고 했죠."

웬만한 아이 같으면 이 상황에서 담임선생님을 원망하는데 이 아이는 그 상황까지 낙천적으로 받아 들였다. 수학을 유독 못해서 성적은 중위권이지만 국어와 영어, 사회 영역 점수는 꽤 높았다. 담임선생님은 아이가 진지하게 거의 매일 진학상담을 해오니까 합격 가능성은 낮아 보이지만 그래도 일말의 가능성은 있다면 아이에게 용기와 희망을 주면서 아이가 원하는 대학교의 원서를 써 주었다.

아이는 매 수업 시간에 진지하게 임하는 자세뿐만 아니라 모르는 것을 배우고 나면 "선생님, 감사합니다."라는 말을 입에 달면서 찬사를 아끼지 않는 좋은 태도를 보였다. 면접이 큰 비중을 차지하는 수시를 생각할 때 이 아이는 면접에서 최고점수를 받을 것이라 충분히 예견할 수 있었다.

실제로 학생은 자신보다 내신 성적이 높은 아이와 함께 원서를 낸 대학교에 친구가 떨어졌음에도 불구하고 당당히 합격을 했다.

인생은 좋은 대학으로
결정되지 않는다

성적이 최상위권인 학생이 있었다. 부모님과 학교에 기대를 한 몸에 받고 있어서 물질적 지원도 아낌없이 받는 학생이다. 과목별로 과외수업을 했다. 한 시간 정도 수업을 하면서 앞으로 참 힘든 수업이 되겠다는 생각이 들었다. 아이가 머리는 좋아서 이해도는 빠른 것 같은데 수업을 듣는 자세가 상당히 경직되어 있었다. 기출문제를 풀어가면서 자신이 이해하지 못한 부분이 나오면 잔뜩 인상을 쓰기 일쑤였고, 수업 시간과 과외비에 대해서도 상당히 예민했고, 모든 것은 이해타산으로 받아 들이고 있었다.

수능시험 당일 고사장에 가던 중 길가에 쓰러져 있는 응급환자가 도움을 구하는 상황이 발생했다. 도움을 줄 수 있는 사람은 오직 자신뿐인데다 어떠한 통신수단도 없다면 이 상황을 어떻게 대처하겠는가?

아이는 문제를 보자마자 인상을 잔뜩 쓰더니 단답형으로 말했다.

"당연히 시험을 보러 가야죠."

"왜?"

"시험은 나 혼자만이 볼 수 있는 거고, 이 사람은 다른 사람이 도와 줄 수도 있는 거잖아요."

"문제 중에 오직 나만이 도움을 줄 수 있는 상황이라고 했는데?"

"그렇다고 시험을 망칠 수는 없잖아요?"

"그래도 한번 생각해 보자. 네가 면접관이라면 어떻게 대답하는 사람한테 좋은 점수를 주겠니?"

"결국 환자를 구해야 한다고 말해야 하는 건가요? 그건 너무 가식 적이지 않나요?"

학생은 전혀 줄 줄도 받을 줄도 모르는 아이였다. 초반에 음료수를 준비해 놓았다가 마시라고 주면 마치 부담이라도 느끼듯이 손도 대지 않고 수업을 마쳤다. 진학이나 진도 상담은 거의 부모를 통해서 전달 받았다. 아이는 수업 시간에 오로지 답안을 작성하는 방법에만 집착해 있었다. 기출문제를 과제로 내주었을 때 답안지를 채워오기는 하는데 주제에서 벗어난 것들이 많았다. 그래서 그 부분을 지적해 주면 인상을 쓰며 괴로운 표정을 지었고, 답안지를 다시 작성해 왔으면 좋겠다고 해도 전혀 말을 듣지 않았다.

결과론이지만 이 학생은 그해 수시와 정시에서 모두 원하는 대학에 합격하지 못했다. 다음 해에 재수를 해서 애초에 원했던 대학보다 좀 눈높이를 낮춰서 겨우 합격을 했다는 소식을 들었다.

최상위권에 드는 아이들이 더 그렇다는 것은 정말 심각한 문제다. 물론 아이들만 탓할 수는 없다. 지나친 경쟁위주의 입시교육이 아이들을 망치고 있는 것이다.

하지만 이렇게 객관식 찍기 문제에 길들여진 아이들은 나중에 사회에 적응하기 힘들다. 설사 수능성적으로 당락을 결정짓는 정시 모집에는 합격할지 몰라도, 취업할 때 강화되는 압박 면접에서 고배를 마실 수밖에 없다.

인생은 대학당락에 걸린 것이 아니다. 대학 입학까지는 학교에서 배운 지식이 어느 정도 평가를 보장해 줄 수 있지만, 사회에 나와서는 도덕윤리와 같은 겉으로 드러나는 행동에 의해서 평가를 받게 된다.

아이를 위한다면 성적만이 아니라 주고 받는 것을 잘 하는 성품을 키울 수 있도록 배려해 줘야 한다. 줄 줄 모르는 아이는 사회인으로 쉽게 살아나갈 수 없다.

잘 주고 받는 아이가
고운 말도 잘 한다

존경받는 부자들은 주는 것을 잘 한다. 빌 게이츠와 워렌 버핏이 세계 최고의 부자의 반열에 있으면서 존경을 받는 것은 잘 줄 줄 알기 때문이다.

옛 사람들은 물질로 베푸는 것보다 몸으로 베푸는 것이 더 큰 복을 짓는 것이라고 했다. 웃는 얼굴로, 좋은 말로, 상대를 편하게 해주는 태도로 기쁨을 주는 베풂은 돈이 없어도 누구나 할 수 있는 일이다. 따라서 물질을 베풀 형편이 못 된다면 더더욱 웃는 얼굴을 짓고, 상대의 기분을 좋게 하는 찬사와 찬탄의 말을 하고, 상대의 기분을 맞춰서 기쁨을 누릴 수 있게 해줘야 한다.

그런데 물질로 베푸는 것을 잘 못하는 사람은 한 푼의 돈도 들지 않고 가장 쉽게 베풀 수 있는 이런 것들도 쉽게 하지 못한다. 아니 베푸는 것에 이런 것이 있다는 것을 알려주면 오히려 이렇게 반문하는 경우가 많다.

"누구는 웃으면 좋다는 걸 모르나요? 웃을 일이 없으니까 그렇

217

지?"

"세상을 사는데 왜 남의 눈치를 보고 살아야 하나요? 피곤해서 어떻게 살라고?"

아이들 중에도 먹을 게 생기면 조금이라도 친구와 나눠 먹으려는 아이가 있고, 오로지 자신만 챙겨 먹으려는 아이가 있다. 단순히 물질에서만 그치는 것이 아니라 생활 전반에서 비슷한 모습을 보이고 있다.

자기 욕심만 챙기는 아이는 많은 점에서 부정적인 성향을 보이고, 상대가 아무리 잘해 주어도 진심으로 고맙다는 표현을 할 줄 모르는 경우가 많다.

"선생님이 가르쳐 준 문제 중에 하나도 안 나왔어요."

이런 아이들은 결과가 좋지 않으면 누군가를 탓하는 태도를 보인다. 흥미로운 사실은 이런 아이들이 어쩌다 올백이라도 맞아오면 결코 선생님 덕분에 잘 봤다고 하는 경우가 거의 없다는 것이다. 말 그대로 잘못하면 선생님 탓이고, 잘 하면 자기가 열심히 노력한 결과라는 것을 너무나 당연시 한다.

이에 반해 껌 하나라도 잘 나눠 먹는 아이는 학업성적과 관계없이 긍정적인 성향을 보이며 주변 사람들을 기쁘게 해주는 재주가 있다. 상대가 조금이라도 잘 해 주면 진심으로 고맙다는 표현을 아주 잘해서 오히려 상대가 별로 해 준 것이 없는데 미안하다는 생각을 불러일으킬 정도이다.

부모는 아이가 물질은 아니더라도 몸으로라도 잘 베푸는 사람이 되기를 바란다. 그래서 아이들한테 앞으로 잘 살려면 잘 웃고, 좋은 말을 많이 하고, 상대방이 듣기 좋은 소리를 잘 해야 한다고 말로 가르치려 한다. 그러나 이런 성품은 결코 말로 가르친다고 얻을 수 있는 것이 아니다. 어려서부터 껌 한 조각이라도 나눠 먹는 습관을 들여야 한다. 누군가에게 껌이라도 줘보는 행위를 통해서 스스로 터득하는 것이 더 많기 때문이다.

사람은 누군가에게 무엇인가를 주는 것은 좋은 것이라고 알고 있다. 그러나 어려서부터 누군가에게 무엇인가를 많이 줘본 사람은 안다. 아무리 좋은 마음으로 줘도 상대가 제대로 받지 않으면 다시 주고 싶다는 생각이 일어나지 않는다는 것과, 대충 줬는데도 기쁜 마음으로 받은 이에게는 미안해서라도 다음에 더 주고 싶은 생각이 든다는 것을 체험으로 알게 된다.

그러다 보니 남에게 많은 것을 줘본 사람은 남이 주는 물건을 잘 받을 줄도 안다. 내가 누군가에게 무엇을 주었을 때 받는 이의 태도에 따라 다음에 또 주고 싶다거나, 다음에는 아예 국물도 없다는 생각을 해보았기 때문에 반대로 상대의 것을 잘 받아 줘야 상대가 계속 나에게 주고 싶어 한다는 것을 한다. 그렇기 때문에 잘 받을 줄 아는 사람이 되는 것이다.

"고맙습니다. 선생님 덕분에 잘 됐어요."

껌 하나라도 주변 사람들과 나눠 먹는 습관을 가진 아이들이 이런 말도 잘 한다. 이들은 자신이 하는 말 하나, 행동 하나가 상대에게 어떻게 기쁨을 주는지 잘 알고 있다. 그리고 그렇게 하는 것이 궁극적으로 자신에게 더 큰 기쁨으로 돌아온다는 것을 어려서부터 몸에 익혀온 경험을 통해 거의 습관적으로 알고 있다.